INTERACTION Co
S. ABE
T. FUKUDA
H. SCHMI
J. KOIZUMI

InterAction Council

*InterAction Council of Former Heads of State and Government*

# OBサミットの真実

福田赳夫とヘルムート・シュミットは
何を願っていたのか。

渥美桂子

ダイヤモンド社

# はじめに

一九九六年（平成八年）十月二十一日。東京から群馬に向かう自動車の窓からは、限りなく青い空がどこまでも続いていました。

「あの鳥はなんだろう」

元・西ドイツ首相のヘルムート・シュミットが、遊泳していた鳥を見て尋ねてきました。それはトンビでしたが、私はとっさに英語が出ず、謝ったことを思い出します。

シュミットを乗せた車が向かったのは、群馬県高崎市の真言宗徳昌寺。ここには、元首相の福田赳夫が眠っていました。お寺はすでに、関係者やマスコミなど数十人が取り囲んでいました。しかし不思議なことに大勢の人がいるにもかかわらず、木の葉一枚揺れないような静けさが漂っていました。

シュミットは墓前に立つと、教えられた通りに真剣な顔でお焼香をし、墓石の前でしばらく立ち尽くしていました。そして、ふと空を見上ると、胸ポケットからハンカチを取り出し、まぶたをぬぐい、まるで感情が一気にほとばしるかのように鼻をかみました。「鉄の宰相」と言われ、冷戦下に安全保障と国際経済に圧倒的な力量を発揮し、ドイツではいまでも高い名声を誇る人物が、涙をこらえているのです。近くにいた私たちもみな、シュミットの涙に感動し、前年七月に

お墓参り：福田康夫（長男）の案内で徳昌寺への階段を昇るシュミット首相「日本の墓は初めて」と戸惑いながらも、亡き盟友を偲びつつ焼香する

九十歳で亡くなった福田赳夫を改めて想い、熱いものがこみ上げてきました。

前年の内閣・自由民主党合同葬にも参列し、弔辞を読んだシュミットが「来年はタケオのお墓参りに行く」と言った時、それを信じる人はほぼいませんでした。

国家元首経験者に対して、他国の国家元首やその経験者が儀礼として葬儀に参列することは普通に行なわれます。しかし、故人のお墓、それも都内ではない遠方にわざわざ出向くことは、ありません。この時もシュミットは儀礼的ではなく、まったく個人的に墓参をしたのです。

シュミットと福田赳夫、この二人が心血を注いだOBサミットを通じて三十五年以上、私は事務局員、そして通訳として二人を見てきました。ですから、シュミットが高崎の福田赳夫のお墓にお参りすることも、そこで涙したことも、感動はしても「この二人の関係なら当然かもしれない」と、憧憬にも似た感情を抱いたことを今でも覚えております。

「ところで、あの青い大空を遊泳するかの如く、ゆっくり飛んでいた鳥。タケオが戻ってきたかのようだったね」

墓参からの帰路、少し微笑みながら語りかけてくれたシュミットの心には、いつまでも福田赳夫が生きていたのだと、私は確信しています。本当に、二人はまるで中学生時代からの親友のように胸襟を開き、真摯に討議し、お互いがお互いを頼りあっていました。

「(福田赳夫の)『心と心』という倫理は、人種、文化、言語、生活形態、信仰、イデオロギーなどの相違を超越させてくれるのです。相互理解を可能にし、深めてくれるのです。ある意味、タケオと私はその生き証人だったのです」

そう、まさにそのとおりでした。

二人は人種も、文化も、言語も、生活形態も、信仰も全く違う世界の出身でした。厳しい教師の子としてドイツに生まれ育ったシュミット。地主とはいえ、終戦後に解放すべき土地がほとんど残っていなかった家に生まれ育った福田赳夫。しかし二人は根本のところで、福田赳夫の言葉を借りれば「心と心」で、通じ合ったのです。

「あの無限に広がる青空の下で、今日ほど、彼を身近に感じたことはなかった」

墓参でまた、二人は対話をしているかのようでした。

「私たち二人は、『善良な意図だけではダメだ。そうした善意を実施し、現実のものにする理性と勇気が必要なのだ』と語り合い、努力を誓いあったのですが……」と、言葉を続けました。どんなに素晴らしい考え方も、それが活かされなければ絵空事でしかない。一国の宰相を務めた二人だからこそ、「実現してこそ価値がある」という想いを共有していたのです。

そして二人は現職の首相を退いたあと、「ＯＢサミット」という、理想実現のための組織をつくり、不可能と思われた米ソ核軍縮に大きな役割を果たし、さらにその先の人類の未来に貢献しようとしたのです。

「ＯＢサミット」とは、一九八三年に福田赳夫の主唱で創設された国際的な会議体です。会議というと、ただ話し合いがされた程度に思われるでしょう。でもこのグループは違いました。

例えば米ソ冷戦時代、核軍縮のために米ソ首脳会談が開かれるきっかけをつくったり、環境問題や南北問題、平和やテロ防止、人間や国の根本的なあり方についてなど、数々の具体的な提言を行いました。しかもそれらは、今から考えるとかなり時代を先取りしていたことがわかります。その内容については、本書で詳しく触れていきます。

ＯＢサミットを構成したのは、世界各国の首相や大統領を経験した首脳ＯＢでした。彼らを参加させ、かつ、現役時代に劣らぬ真剣で過酷な会議を行なうことに、福田赳夫やヘルムート・シュミットがどれほど努力を傾けたか。そしてどれほど世界に影響を与えたか。

もちろん、ＯＢサミットが発出した全ての提言が政策に反映されたわけではありません。むしろ、放置されてきた事の方が多かったのです。もしこれらの提言や宣言が政策に反映されていたのなら、今どれだけ世界は良くなっていたであろうかという思いがあります。そのことに触れるのが、本書の大きな意味の一つです。

つまり、読者の皆様にＯＢサミットを知っていただくことによって、これからの世界を良くしていくきっかけにしていただきたいのです。そして読者に特に申し上げたいのは、「ＯＢサミットは日本が主導した数少ない国際的な会議体」だということです。日本人でもこれほどのことができるということを知っていただきたいのです。

私は一九八三年のOBサミット開設から二〇一八年まで三十五年、事務局スタッフとしてOBサミットの業務のほとんど全てに携わりました。直接見聞した重要なことを、いつかまとめることを漠然と夢見ておりましたが、とても私の手にはおえない難事に思えました。そのうち、福田康夫元総理の斡旋で、保管していた三十五年分の膨大な書類を国立公文書館に納めることになりました。およそ二〇〇〇点。かなり希少なものと自負しています。

私は福田赳夫の通訳として関わり始めたので、通訳をする際に書いたメモ、確認のために残した要人の発言録、各種の宣言や提言を取りまとめる際に作られた素案をはじめ、テーマを決めるまでの様々な話し合いにおけるバックグラウンドでの各人の発言など、つくった書類の内容は多岐にわたります。

世界を動かした宣言は、どのような経緯で作られたのか。それは一体、参加者のどんな意図によって出されたものなのかがわかる貴重な資料となっております。

テーマを設定するのは主要メンバーであり、中でも中心メンバーであった福田赳夫とヘルムート・シュミットの果たした役割は大きく、たまたま福田の通訳であった私はその場にあって、二人の言葉のやり取りを細大漏らさず耳にし、意思疎通をするお手伝いの機会に恵まれました。

私はもともと世界銀行に勤めていたので、当時の世界銀行総裁であったロバート・マクナマラ（元米国防長官）などの例外を除き、政治経験者との接触はほとんどなく、日本国内にあっても政治の世界とは関わりのない分野におりました。それゆえに、福田やシュミットについても、最初は新聞で目にする以上の知識は持ち合わせていませんでした。つまり彼らに対し、一般の方が描く政治家像とほとんど同じ印象を持っていたわけです。

ところが、通訳として福田の「言葉」を知り、福田の外国の知友と関わることになって、彼らがどれほど深い知識と高い見識を持ち、さらに、どれほど世界を良くしていこうとする道義感と意欲にあふれているかということに気づき、正直、驚きを禁じ得ませんでした。

もし福田やシュミットが、少しでも我欲を持ってOBサミットを運営しようとしていたら、私は三十五年間も付き合う気にはならなかったでしょう。彼らとて人間ですから、長所だけでなく短所もあります。でも確かなことは、彼らは我欲を捨てて、政治家を引退したあとの残り少ない時間を世界の問題解決にあてていたということです。

この会議をつくり、支えた中心人物である福田と盟友シュミットの身近にあって、その言葉のやり取りをサポートし続けた経験を後世のために残すには、舞台裏を含めたOBサミットについて、書籍として著すことが最も理にかなっているのではないか、という結論に至りました。

会議の開かれた場所の雰囲気や、会議前に行なわれた事前の話し合い、コーヒーブレイクでの一コマなど、何気ない会話の中にも、メンバーたちの思想や信条、人柄が滲み出ています。ゆえにできるだけ忠実に、当時の記憶はもとより、膨大なメモや書類をもとにして状況を再現することに努めました。

そして、本書のかなりの部分は福田赳夫とヘルムート・シュミットを中心に描写しています。

二人がＯＢサミットを牽引していたこと、それは彼らの間に存在した熱い友情が基礎にあったことはすでに触れました。そしてその友情を国際的にも稀有で強固なものにしたのが、二人の共通した価値観でした。

二人の友情、二人の発言、二人の哲学を、多くの方々にどうしても知ってほしい。優れた信条と行動力を持った指導者がいたということを、理解していただきたい。そして特に、社会の指導的立場にある方々には、彼らの生き様や価値観に触れ、彼らの良き価値を自らのものにしていただきたいと切に願います。

そんな思いが胸に去来し、それを単なる夢で終わらせてはならないと決心しました。また、もっと個人的な思いで言えば、「日本人が始めたこの歴史的事業をまとめる責任が自分にはあるのだ。偉大な二人への義務をはたさなければ」ということも、大きな動機になりました。

基本的に本書構成は、時系列に従ってＯＢサミットの歴史をたどっていきます。折にふれて福田やシュミットをはじめ、主要なメンバーの横顔を記しております。巻末には年表や参加者のリスト、また、より深く理解されたい方のために参考文献を記しました。

本来であれば、ＯＢサミットがつくった提言や宣言のすべてを掲載すべきでしょうが、紙幅の関係から、基本的には要旨に留めました。

ただし、第七章「人間の責任に関する世界宣言」は、極めて有意義な内容であり重要と考えましたので、章末に全文を掲載しました。ご一読いただければ幸いです。

福田赳夫が逝って四半世紀が過ぎても色あせない、いいえ、新たな分断と戦争に苦しむ世界で一層必要となった「心と心」という関係が再構築されるための、ほんの一助になれば幸いです。

（本書では私が尊敬する多くの方々を取り上げますが、基本的に敬称は略してあります。また元号については、記した方が時代を想像しやすいと思われる箇所に記しました）。

目次

# 第一章

# 挑戦

## 福田赳夫、起つ

1983年11月　ウィーンでの第一回年次総会

## 歴史上初めての危機

私は今でも、あの細い目から発する福田赳夫の力強い眼光を忘れることはできません。瘦身で、飄々とした語り口なのに、いつの間にか熱を感じ惹きつけられ、圧倒されてしまうあの魅力はなんだったのだろうかと考えることがあります。

思い返してみれば、福田の口から「自分事」を聞いたことがほとんどなく、いつも自分以外の人間、あるいは日本や世界の心配事ばかりをしておられたという印象が強く残っています。この先の世の中を、なんとかしなければいけない――。

内閣総理大臣という、功なり名遂げた人物が、もしかしたらそれ故にかもしれませんが、未来に対して強い責任を感じていたように思えてならないのです。福田赳夫は、それを思うだけでなく、カタチにする能力を持っていました。そして、「世界の元首相・元大統領による政策提言グループをつくる」という構想を抱くのです。これは、首相を辞めたすぐ後に考え始めたようです。そのアイデアのおおもとは、首相現役時代にG7（先進国首脳会議）に参加した経験からでした。

福田は多くの国際会議への参加や指導者たちとの会合を重ねるうちに、「地球人類的な観点で物事を考え、行動しなければ正しい政治家の道を歩んでいるとは言えないと痛感した」（福田赳夫『回顧九十年』岩波書店、一九九五年）と述べています。一体、何が福田を駆り立てたのでしょうか。

一九八〇年代の世界は、米国とソ連を中心に、東西冷戦が頂点に達していました。核戦争の脅威が現実のものになるかもしれない、ということを世界中が実感していた時代でした。また、戦後初めての国際通貨不安と石油危機が、世界中の経済活動を極めて不安定にしていました。

福田は、世界平和が経済的側面と政治・軍事的側面から脅かされており、世界政治の最大の課題は、それを克服し世界平和を守り抜くことであると考えていたのです。さらに、東西間の軍拡競争と世界同時不況に加え、米ソ二カ国だけでは解決できない複雑な長期的問題も認識していました。それは当時、国際的にはほとんど議論されていなかった資源、エネルギー、環境、人口などにかかわる、全人類が長期的に直面する共通した諸問題です。福田はそれらを「地球人類問題」と名付けました。

彼は、軍事・経済の諸問題と、地球人類問題が同時進行するという歴史上初めての危機に人類が直面していることを、強く意識していたのです。「こうした問題への対処を誤ると、人類全体が存亡の危機に直面することは必然である」とし、来るべき二十一世紀への布石を速やかに打つ必要性を訴え続けていました。

## 立場の弱い人間に思いを寄せる

福田については必要に応じてその人生に触れていきますが、最初に少しだけ、「福田赳夫とは何者か」ということについて、述べておきたいと思います。というのも、OBサミットは福田死去の後も、福田の思想・信条に大きく影響され続けていたと感じるからです。

福田は明治三十八年（一九〇五）一月、日露戦争たけなわの頃に、群馬県群馬郡金古町（現高崎市足門町）で生まれました。よく、のちの政敵・田中角栄との比較で、「福田は苦労知らずのエリート」と思っておられる方もいるようですが、実際はまったく違います。たしかに福田の実家は豪農で、祖父幸助、父善治、兄平四郎と三代にわたって金古町の町長を務める一家でした。

しかし、当時のまともな政治家は「井戸塀」（政治は奉仕であり、最後には家に井戸と塀しか残らない）と言われるような風土でしたし、何より父善治が病により両足を失ったため、生活は楽ではありませんでした。福田家は戦後の農地開放の際、手放さなければいけない土地がすでに無かったそうです。つまり、切り売りしていかねばならない状況でした。

父親の身体的な事情もあり、福田は小学校時代から弟妹たちのお守りをし、中学校時代には帰宅後に養蚕のための桑の葉摘みを手伝うなど、多忙を極めました。長時間かけて歩いた後に自分の体重よりも重い桑の葉を満載した籠を背負って、山から運んだのです。そうしなければ、生活が成り立ちませんでした。

旧制高崎中学にも、経済的な理由から当初は進学できない状況でしたが、のちに担任の強いすすめによって実現します。後々まで、福田は身体にハンディキャップを持った人や立場の弱い人間に、個人的にも政策的にも思いを寄せますが、それは福田自身の幼少期の記憶も影響していたのだと思います。

　高崎中学は、家から約八キロ離れていました。福田は五年間、毎日徒歩で通学し続けるのですが、往復一六キロ、四時間以上かかる道のりでした。「行きは下り道で楽だったけど、帰りは登り坂。空っ風が上から吹き下ろしてきたときは本当に大変でしたよ。あれは成人後の人間界の嵐に耐える力をつけてくれたんだな」と私たちOBサミットの事務局員に語ってくれたことがありました。そして、「まあ、幼少の頃から歩けることの有難さを知っていたし……」と、ポツリと独り言のように付け加えました。

　それを耳にした当時、私は福田の父親が両足切断のため歩けなくなっていたことなどまったく知りませんでした。歩行という普通の行為でも、出来ることの有難さを知り、毎日一六キロの道を父親のために歩いたのだ、と今では理解しています。そして福田が、それを出来ない人々のために生涯努力し続けたことも。

## 福田赳夫の価値観

　高崎中学（現・高崎高等学校）を出て、第一高等学校（現・東京大学教養学部）、そして一九二六年（大正十五年）には、東京帝国大学法学部に進学します。東京帝大ではフランス法を専門とし、一高時代に専攻したフランス語にさらに磨きがかかりました。五年後に日本政府代表随員として参加したスイスでのバーゼル会議や翌年のローザンヌ会議などで、フランス語や欧州の文化に対する理解に大いに役立ったようです。福田がのちに各国首脳と意気投合する素地というのは、政治的な信条はもちろんですが、学生時代に培った教養も大きいものがありました。

福田は「自分はもっぱら耳学問」というように、読書をあまりしない印象がありましたが、彼はたとえ専門の領域でなくても、ポイントを見出すことができる人でした。また、得られた情報を自分の価値観に照らし合わせると同時に、信頼する友人や識者とのやり取りを通じて「実のある情報」として確立させていくのです。

福田の価値観を形作ったものには、こうした「身についた教養」のほかに、大きく二つの要素があろうかと思います。

一つは、前述の父親の病と進学も阻まれるような生活苦の中から、立場の弱い人間、社会的弱者に対して、常に優しい眼差しがあったということ。そしてそれを実際の政策にも反映していったということです。一例だけ挙げますと、人口一億人を超える国で、日本のような国民皆保険や国民年金制度を持つ国はほとんどありません。この制度を成立させたのは、岸信介政権下で自民党の政調会長を務めた福田赳夫でした。

福田の価値観を作った二つめの要素は、おそらく母の教えではなかったかと思います。母・ツタは福田に、「けっして、ぶるな」ということを言い続けたそうです。福田は、高崎中学時代も一高時代も、記録を破る成績を残しています。また帝大では成績優秀（二科目以外全優）だったため卒業まで奨学金を受けていました。

つまり、子供の頃から秀才だったがゆえに、母は福田に対して、それを鼻にかけるような子にしたくなかったのでしょう。福田家は「世のため人のため」ということを常に言い聞かせていました。偉ぶらず、他人のために尽くす。このことが、福田のベースにあったと考えます。この様な福田の価値観については、これからも触れて参ります。それが、ＯＢサミットの理念となっていったからです。

## お馬鹿さんだなぁ

私が最初に福田赳夫に出会ったのは、一九七四年（昭和四十九年）の五月でした。ＯＢサミット設立の九年前です。世界銀行の東京事務所に勤務していた私が、ロバート・マクナマラ（ケネディー政権時の国防長官。当時世銀総裁）と福田（当時蔵相）との会談に、通訳として随行した時のことです。

身長一六八センチの福田は、明治時代の男性の平均身長は一六〇センチ前後でしたから、当時の方としては長身の部類に入るのではないでしょうか。通訳の養成も受けてない私はひどく緊張しましたが、福田蔵相の明晰さと膨大な知識量に、圧倒されたことを覚えております。

帰り際に、「お嬢さんは経済に詳しいんですね。秘書に連絡先をわたしておいて」と言われ、その後、福田蔵相の秘書官である横手氏から数回お電話をいただきましたが、その時には特に行き来をすることにはなりませんでした。

それから八年後の一九八二年（昭和五十七年）夏に、私は米国財務省の元高官とある勉強会に参加し、福田の話を聴きました。このとき福田は七十七歳。四年前に内閣総理大臣を辞していましたが、痩身からは想像もできない、みなぎる気力を感じたのを覚えています。

私が福田の口からOBサミットについて聞いたのは、この勉強会のときが初めてでしたが、一部報道などで耳にしていた構想の枠を出る内容ではなく、「ああ、こういうことを考えておられるのだな」という程度の認識でしかありませんでした。

OBサミットの構想をかなり詳しく聞いたのは、翌一九八三年九月のことです。

世界銀行を退職し、英米の経済金融誌に原稿を書いていた私は、ニューヨーク出張中、たまたま米国の友人から訪米中の福田の講演に誘われました。

福田は大蔵省の若手官僚時代にロンドンに駐在していたので、英語はある程度できましたが、講演では一応、大使館が手配した通訳がつきます。講演が始まり逐次訳をするのですが、この通訳の方は緊張とそして経済にも疎かったらしく、米国の聴衆に福田の意図することを全く英語で伝えられませんでした。

剛を煮やした福田は、「誰か、しっかり通訳できる方はいないだろうか」と壇上から悲鳴に近い声を発しました。そのとき誘ってくれた友人から「貴女しかいない」と言われ、思わず手を挙げてしまったのです。

日本国内だったら絶対にありえない行為でしたが、福田が語る哲学と世界観が米国の知識層に伝わらないというのは残念至極であり、この状況を救えるものなら救うべきだという思いに駆られたのです。私は福田の言葉を必死にメモにとりながら、質疑応答の通訳も行ないました。

講演が終わると福田は「ありがとう」と御礼を言ってくれました。そして「スピーチで説明した通りだが、ＯＢサミットについて、なかなか理解してもらえそうもない。しかし、やると決めたのだから頑張るしかない」と言い残し、次の約束に向かっていきました。

「ＯＢサミットについて、なかなか理解してもらえそうもない」

この言葉に、無念さが滲み出ていました。露骨な国益がぶつかり合う国際社会の中で、福田の理想を実現する道は大変険しかったようです。

その後すぐに、「ＯＢサミットを手伝って欲しい」という依頼を、横手秘書から頂きました。

私は福田の考え方には共鳴できたのですが、政治的に保守主義ではなかったので迷いました。なので「自分はリベラルな考え方を持っていて、自民党に投票したことはなかった。だからお役には立てない」と丁重にお断りしました。すると事務所に呼び出されて、福田からこんなことを言われたのです。

「あなたも思っていたよりお馬鹿さんだったんだね。私は国内政治を手伝ってくれとは言ってない。海外のことを手伝ってくれと言っているんです。日本人はね、一歩海外に出ると、みんな『日本人』になってしまうんだよ。右も左も関係なくなり、クリスチャンか仏教徒かも関係なくなってしまってね。日本人とはそういうものなんだ」

そして「海外のことだけを手伝ってくれと頼んでいるんですよ」と繰り返しました。その時の福田の表情は、まるで先生が教え子を諭すように、温かい表情で「まったく、お馬鹿さんだなぁ」という感じでした。

正直にいえば、保守政党の総理経験者かつ派閥の長というだけで、私は福田に対して決してプラスの印象は持っていませんでした。しかし、以前からの講演内容や飛び入りで通訳することで彼の考え方を深く知り、また「日本人は海外に出れば右も左もない」という度量の大きさに圧倒され、仕事を引き受けることに決めました。以後は約束通り、国内政治とは完全に切り離して、海外の仕事だけお手伝いをさせていただいたのです。

## 世界は「違い」に満ちている

それにしても、なぜ「ＯＢ」サミットなのか。現役の首脳たちには任せられないのか。

福田は、総理経験者として現役の首脳たちの限界を知っていました。現役の指導者たちは、自国の国益を優先的に守らざるを得ない。また、直面する短期的な国内問題への対処に追われ、なかなか長期的な視野で政策を遂行することができません。

そうした制約が、あらゆる問題について、長期的・国際的視点から対処する選択肢を狭めていると痛感していました。つまり、政権担当者は狭い意味での国益を優先しなければならず、それが平和を築き維持する国際的な決意を薄めてしまうという問題意識を持っていたのです。

ではどうすべきなのか。

かつて政権を担当し、世界の現実を知る「元」首脳たちであれば、狭い国益優先の義務から解放されるのではないか。広範な経験を持つ元首脳たちが集まって、長期的視点で地球的諸問題を共に考えることは、世界と人類への貢献になるのではないかという「理想と現実の見事な一致点」にたどりついたのです。

福田自身、第一線から退いた後も政治に対する鋭い感覚を維持し、関与し続けました。そして、他の元首脳たちにも同じ感覚があるのだと考えていました。政権を担当した経験が単なる回顧に留まるのではなく、はるかかなたの未来の役に立つと直感的に感じ取っていたのだと思います。

こうした構想のなかで何よりも重要なのは、人類の未来を考えるにあたって、世界的に受け入れられ得る共通の倫理規範を念頭に置かなければならない、ということでした。共通の倫理規範とは、誰もが受け入れられる、守るべき大切なもの、と言い換えることができましょう。

かつて福田もよく口にしていましたが、世界は「違い」に満ちています。宗教や政治体制や人種・民族、そして習慣や価値観。では、違う者同士が違いを主張し合って、それが人類全体のためになるのでしょうか。違う者同士とはいえ、共通している部分もあるのではないでしょうか。

命は大切。環境も大切。貧困をなくし、みんなが食べ物に困らない世の中が大切……。たとえ宗教や政治体制や民族が異なっていようとも、誰もが受け入れられる、誰もが大切にしなければならない価値観があり、それらは全ての違いを超えた協力を可能にしてくれる、と福田は考えました。福田はしかし、机上の空論を嫌う理想主義者でもありました。彼は、海外の友人である指導者たちなら必ずやそうした発想に賛同してくれると、現役時代からの交流を通して確信していたのです。

## 命名

福田がOBサミットについて、対外的に最初に打ち明けたのは、一九八二年六月、国連開発計画（UNDP）のブラッドフォード・モース事務局長に対してでした。モースが来日した折、福田は「各国の首脳OBによる会合」をモースに語ります。私はその二年後、OBサミットのブリオニ会議でモースから当時の様子を聞きました。

福田はよく「真面目な話の時ほど笑顔でないと」ということを言っていました。このときも福田はいつものように笑顔のなかにも真剣なまなざしで、モースを説得したようです。

このような、世界人類を救う国家首脳OBによる会議体は、モースにとってもありがたい話でした。世界の貧困や格差、地球環境の保全などを主たる任務とする国連開発計画にとってプラスになると考えたモースは、積極的に賛意を示します。そして福田の構想をニューヨークに持ち帰ったモースは、次の三点を提案してきました。

①有意義なアイデアなので、そうした会合を毎年開催すべきであり、ＵＮＤＰとして事務局を引き受けて協力したい。

②西側先進諸国だけではなく、東西南北、二十数カ国の首脳経験者にも声をかけたらどうか。

③国連事務総長を退任したばかりのオーストリアのクルト・ワルトハイムを議長にしたらどうか。

福田に異存はありません。そして一九八三年三月には、設立準備委員会を数名の元首脳とともにウィーンで開催しました。

グループの正式名称は「The InterAction Council of Former Head of States and Governments」と決定しました。日本語にすると、「元国家元首及び政府首脳の相互行動評議会」と訳せます。この長い名称は形式にこだわる国連の、特にワルトハイムやモースの意見でした。

福田は「Old Boys Summit」を提案していましたが、少し砕けすぎとの反対がありました。また、西欧人は「Old Boy」（老人）と呼ばれることに抵抗があったようです。そこで「ＯＢサミット」を通称にしようと決まったのですが、それを使ったのは福田や日本の関係者のみで、ほかの方々は「ＩＡＣ」と略称で呼んでいました。なお本書では日本で通例使われる「ＯＢサミット」と表記します。

## 高橋是清が持って来させた世界地図

一九八三年九月、福田はニューヨークの国連本部に出向き、「OBサミットの結成」と、「設立総会を十一月にオーストリアのウィーンで開催する」ことを発表しました。

そして全人類が直面していた軍事・政治・経済的な未曽有の危機と、長期的人類問題を訴え、世界の元首脳グループがそれらへの対処策を考え、行動する国際的な意義などを詳しく力説したのです。

戦後四十年近く過ぎ、日本は経済大国としての地位を築いていましたが、旧連合国側の国々から見れば、日本は第二次世界大戦で戦った敵国。戦争はなお人々の記憶に生々しい時期でした。その日本のイニシアチブで世界を引っ張るには、大変な勇気とゆるぎない信念を要しました。しかし、福田は躊躇しませんでした。それが、第二次世界大戦で迷惑をかけた国を含め、全人類の未来のためになると、堅く信じていたからです。

福田は東京帝国大学を卒業して一九二九年（昭和四年）、大蔵省に入省します。大蔵省では、いくつもの忘れ難い経験をするのですが、中でも一九三五年（昭和十年）の、岡田啓介内閣の閣議はその後の福田の生き様に大きな影響を与えます。

時の蔵相・高橋是清は、閣議を前に福田にこう命じます。

「どこかに世界地図があっただろう。持ってきてくれ」

高橋は、福田が持ってきた世界地図を手に閣議室に入り、三日間、のべ三六時間に及ぶ閣議で陸軍の予算拡大を抑え込みます。このことが三カ月後の二・二六事件（高橋是清を含む要人暗殺）に繋がったとも言われますが、福田は高橋是清が命をかけて財政と平和を守った姿を、心に刻んでいました。

日本だけが良ければいい、ではなく、世界の中の日本を考える。そこから、けっきょく世界人類が幸福でなければ、自国の繁栄もありはしないという、大きな視野が生まれたのです。

むろん、入省後にロンドンに駐在し、欧州経済が混乱して戦争への道を進む様子を肌で感じたことも、陸軍担当の主計官として、陸軍との予算折衝の最前線にあったことも大きかったでしょう。あるいは、中国で、蒋介石の国民党政府から離反し、日本軍占領地で成立した南京国民政府の財政顧問として、汪兆銘《おうちょうめい》政権の実質的な財政運営に関わったことも、その視野を広げる要素になっていきます。

いずれにしても、福田は戦前から大蔵官僚として政治・軍事の最前線にあり、時流に大きな抵抗を試みながら時代の趨勢を肌で感じ取っていました。このことを抜きにして、戦後の福田の政治姿勢、ひいてはOBサミットにかける信念を理解することは出来ないのではないでしょうか。

## ヘルムート・シュミット

第一回のOBサミットを開催するまでの道のりは、決して平坦ではなく、手探り状態の連続でした。ようやく、世界五大陸にわたる東西南北各国十八名の元首脳たちを集めて、第一回総会がオーストリアのウィーンで開催されたのは、一九八三年（昭和五十八年）十一月でした。

しかしこのとき、のちに盟友となるヘルムート・シュミット（元西独首相）は参加していません。シュミットの不参加は福田にとって大変残念なことでした。それは、外国人指導者の中で、シュミットが福田にとって最も信頼する人物だったからです。

二人が初めて顔を合わせたのは一九七一年。シュミットが西独国防大臣として公式に日本を訪問した時でした。福田はその初対面以来、彼の抜群の知性、見識、説得力、行動力に深い敬意を払ってきました。

福田とシュミットは同じ時期に重要閣僚として顔を合わせることになります。オイルショック直後の日独の大蔵大臣として、その苦悩を分かち合ったこともあります。そしてロンドン（一九七七年）とボン（一九七八年）での先進国サミットでは、互いに首相として日独が世界経済の新たなエンジンとなることを共に引き受け、G7の主役を演じたという経緯がありました。

福田もシュミットも政治家という、人間を洞察することが極めて重要な職業に就き、その中で頭角を表わしてきましたから、たとえ相手が外国人であっても人物観察は鋭いものがありました。

最初はお互い、「なかなか出来るな」と能力を認め合う程度だったでしょうが、やがて「おや？」と思うことがたびたび起こります。

たとえばいま述べた首相時代のサミットで、日独が経済を牽引する話。もしどちらかが、「いや、自分は自国のことで手一杯」と言ってしまえばそれまででしたが、福田もシュミットも、いま持てる力を世界のために役立てないととんでもないことになるという、「世界的視野」を共有していたのです。

あるいはまた、折々に語る政治以外の話でも、二人は意気投合していきます。シュミットは幼少期からほとんどの科目で最優秀をとり、加えて彼は、プロの画家並みの絵画を描き、またピアノもレコードが発売されるほど（日本では東芝ＥＭＩから発売）の腕前でした。

他方、福田は一高でフランス語を専攻し、一年生でいきなりフランス語の原書を読まされたそうです。二年生で小説、三年生では古典。当時一高教官で、のちに『星の王子さま』を翻訳した内藤濯《あろう》から教えを受けています。また第二外国語の英語では、シェークスピアなど古典の読解も。

東京帝大でフランス法を専攻したことはすでに触れました。言語の習得には、その国を取り巻く文化や歴史を理解することが大切です。福田はフランス語、そしてフランスの法制度を学ぶことによって、欧州の文化や歴史、彼らの考え方についても理解を深めました。これが欧州の指導者、なかんずくシュミットとの関係を深めていく素地の一つにもなっていくわけです。

福田が中学生時代に、実家の養蚕のため桑の葉摘みを手伝ったことにも触れましたが、シュミットも中学生時代の夏休み後半、ワイン業を営む親戚の葡萄畑で、葡萄摘みの手伝いをして過ごしました。赳夫少年のように籠を背負って運ぶのではなく、手押し車で山積みの葡萄を運んだそうです。

二人はある時、互いの少年時代の「大変だった農作業」について話したことがありました。福田にとっては桑の実が、シュミットにとっては葡萄が「ご褒美のおやつ」だったことも、懐かしそうに語りあっていたことを思い出します。

## 二人の元宰相が毎朝考えること

彼らには、年齢（福田が十四歳近く年上）、国、言語、文化、政治的立場（福田が保守政党の自民党、シュミットが社会民主主義政党の社会民主党）など全てに違いがあったにもかかわらず、人命を大切にする、自然を大事にするといった価値観や、自分だけが良ければいい、という自己中心的な考え方を嫌うといった性向など、同じ価値観を共有していました。

猛烈な働き方も、そっくりでした。福田はOBサミット設立時すでに七十八歳でしたが、いったいどこからそんな気力が出てくるのかと思うほど、朝から夜中まで精力的に働くのです。シュミットも、長時間続く会議で鋭い質問を浴びせることはもちろん、かなり最晩年になるまで、まるで勉強熱心な学生のように、重要な発言はこまめにメモを取り続けていました。

二人の共通項といえば、こんなこともありました。

第三章で詳述する一九八七年の、ＯＢサミットが主催したローマでの宗教指導者と政治家との会議での二日目の朝。福田、シュミット、フレーザー（ジョン・マルコム・フレーザー、オーストラリア元首相）が同じ朝食テーブルに座りました。

フレーザーが「宗教家たちは祈りの時間なのでしょうかね？」と問いかけると、シュミットが、「それぞれの信仰に応じてね。私は朝祈るということはしてないので、彼らからみたら罪人なのかな？　それでも毎朝必ず考えることはあります」

「チャンセラーも？　私もですよ」と福田。

チャンセラー、というのは首相を意味する英語（chancellor）ですが、大学総長などもチャンセラーと呼ばれます。福田は学識豊かなシュミットに敬愛の意味を込めて、終生シュミットを「チャンセラー」と呼び続けました。

「何を考えるんです？」

フレーザーの問いに福田が答えます。

「朝起きてまず考えることは、『今日も正しい判断ができるように』です」

シュミットはすぐに、相づちを打ちました。

「私も全く同じ！　新聞を読み、コーヒーを飲みながら、その日一日正しい判断ができるように考えています。タケオは『心にかなった正しい判断』を、ということでしょう？」

「そう。チャンセラーの場合は、『理性にかなった正しい判断』を、かな?」

話を聴いていると、二人とも現役時代からの習慣で、「正しい判断ができるように」と毎朝願うようになったらしいのです。「正しい判断ができない政治は、破壊的結末を招きうる」という危惧が身に染みついているようでした。

両者よりはるかに若いフレーザー(当時五十七歳、福田は八十二歳、シュミットは六十八歳)は、「指導者には不可欠な資質ですね。私は、お二人のように惨憺たる第二次世界大戦の悲劇も、その後の混乱も実体験していませんので、お二人から学ぶことばかりです」と感心していました。彼は尊敬をこめて、すでに現役を引退している二人に対し「首相」と尊称をつけて呼んでいました。フレーザーは続けます。

「福田首相の『心』はきわめて東洋的。シュミット首相の理性はカント哲学からの由来でしょうか。どちらから入ろうと、目的は『正しい判断』ですよね。私も心掛けるようにします」

新春の爽やかな朝。教会の鐘が、穏やかな表情の三人を祝福しているかのように、響きわたっていたことが印象的でした。

## 零下十五度での第一回ウィーン総会

福田とシュミットの二人は、ほとんど奇跡的と言っていいほど同じ価値観と同じ危機意識を持っていたので、福田としては何としてもシュミットにOBサミットに参加をしてもらいたかったのです。

福田がシュミットにOBサミットのアイデアを打診したのは、一九八三年一月の同氏訪日の折でした。

前年秋に西独首相を辞任していたシュミットは、「ナイーブだが国際的にも前例がなく、興味深い構想だ」と、評価しました。しかし一九七九年のソ連によるアフガニスタン侵攻をきっかけに、新冷戦時代と言われるようになった当時、西独は米国による同国への中距離核ミサイル配備問題で大きく揺れていました。辞めたとはいえ首相を務めた現役の国会議員であり、また国防大臣も歴任して安全保障の専門家でもあったシュミットが、国外で政治的な動きを見せることは避けたい状況でした。

福田は西独の情勢とシュミットの立場をよく理解していましたが、彼が参加しないことによって、他の、とくに欧州の主要国首脳経験者たちが二の足を踏むのではないか、ということを恐れていました。

実際、第一回ウィーン総会にシュミットが参加しないことが明らかになると、フランスのジスカール・デスタン（元大統領）も英国のジェームス・キャラハン（元首相）も、「主旨には賛成するが、当面参加を見送る」として福田を大いに落胆させたのです。

おそらく、このタイミングが最も福田の苦悩した時期ではないかと思います。しかし、困難があってもマイナスとは考えず、「今がゼロ、ここからどうプラスにしていくか」という政治姿勢でいつも闘ってきた福田は、決してめげることなく現実主義者としての側面を遺憾なく発揮して、第一回のOBサミットに臨みます。

一九八三年（昭和五十八年）十一月。第一回のOBサミットは、オーストリアの首都・ウィーンで開催されました。零下十五度。このときの寒さは、尋常ではありませんでした。地球温暖化の影響で、二〇二三年現在のウィーンでは真冬でもこんなに気温が下がることはありませんが、当時はまだ晩秋なのに極寒と言ってよいほどの寒さでした。

まるで福田に何者かが挑戦状を突きつけているような環境でしたが、福田は逆に「受けて立つ」とでもいうように、長旅の疲れも一切見せず、到着直後から全参加者と個別に会合を持って、OBサミットの意図するところを熱心に説いてまわりました。

当初、世界の五大陸から二十数名の首相、大統領経験者たちを招待する予定でした。問題だったのは、超大国である米ソからの参加をどうするかという点です。当時は東西冷戦が頂点に達していた時期であり、その参加については様々な課題がありました。

ソ連には招請条件を満たす候補者がいなかったのです。

他方、米国には大統領経験者が三名（リチャード・ニクソン、ジェラルド・フォード、ジミー・カーター）いましたが、「ソ連抜きでの米国参加」という形は、すでに存在していた西側諸国の賢人会議と同類になってしまうこと、そして米ソ冷戦下の地政学的諸問題は米ソ両国に平等に働きかけざるを得ないのに、ソ連を除いた米国参加は公平ではないということで、米国の招請はあきらめました。福田たちが「サロン」ではなく、本気の会議体を作ろうとしていたことがうかがわれます。

結局、前述のＵＮＤＰ（国連開発計画）が開発途上諸国と当時の共産圏諸国の首脳経験者に打診し、他方福田は、Ｇ７を含む一連の国際会議で懇意となった欧州の指導者たちと、アジア太平洋地域の友人たちに声をかけました。そして前述のようにシュミットが不参加となったため福田のＧ７時代の英仏代表も参加を見送りました。それでも五大陸から元首脳たちが参集し、ＯＢサミットは開幕されたのです。

欧州など先進国からの参加者が少ないことから、「途上国出身者たちに一方的に有利な議論になるのでは」と不安を抱いた人々がいたことも確かです。しかし福田は、設立の趣旨を参加者に説くことによって、より普遍的な会合にするのだという決心をしておりました。

「このグループを、狭い国益に固執する場にするのではなく、人類の存亡にかかわる諸問題について、より広く長期的な見地から、全人類のために討議する場にするのだ」

福田は会議場の内でも外でも、昼夜を問わず全員に説得し続けました。特に会議場外での二者会談を重視しました。彼は多くの国際会議を通して、会議場「外」での二者会談の重要性を熟知していたからです。

このとき印象的だったのは、福田の笑顔です。あのただでさえ細い目をさらに細めて、旧知の参加者にも初対面の参加者にも、誠意あふれる笑顔で接し続けました。そうです、「真面目な話の時ほど笑顔でないと」。福田はここでも、真剣な話を、あの飄々とした笑顔で語り続けました。

それにしても、福田の孤軍奮闘ぶりの背景には何があったのでしょうか。私は後になって気づきました。それは、最初の会議である程度の評価を得、信頼される運営方針と反対しがたい哲学を示すことで、西ヨーロッパの旧友たちを引き入れることも可能だという信念です。

西側先進諸国の参加者の少なさで当初の目論見とは違う、ある意味で不本意な設立総会となりましたが、「しっかりした方針と哲学を示せば、今回不参加の元首脳も必ず参加させることができる」と確信を持っていたが故に、福田は奮闘し得たのだと思います。自分が全力を尽くすことで必ず未来が拓けるという、福田特有の「勤勉なる楽観主義」を発揮したのです。そして彼らを引き入れる具体策として、議論すべき優先課題の設定と後述する専門家会議の設立を重視し、手を打っていきました。

## 第一回総会での獅子吼

「われわれは、どこに行こうとしているのでしょうか？」

ウィーンのインターコンチネンタルホテル大会議場。東西でも南北でもない、全人類の行く末を、福田はこう問いかけました。

オーストリアは東西冷戦中、西側の国ではあっても、軍事同盟には参加しない中立国でした。そのため、東西両陣営がかかわる会議がウィーンで頻繁に開催され、国際会議のインフラはよく整っていました。

一体何百坪あるのか、日本人には推測もできないほど広く、天井も二〇メートル以上はある高い吹き抜けに、福田の声がこだまします。

真っ白の大型ドアに、金縁の彫刻がほどこされた美しいロココ調の入口。ドア一枚だけでも三メートルはありそうでした。そして、一〇メートルほど上の二階バルコニーに並ぶ「同時通訳ブース」。

巨大で荘厳な雰囲気の会場にあって、痩身の福田は気負うことなく、しかし、固い決意と燃えたぎるようなエネルギーが、周囲に圧倒的な存在感を醸し出していました。

「私たちにとっての最重要任務は、二十一世紀に向かっての礎を築くことです。その構成要素を、我々が英知を結集して、人類のために考えようではありませんか」

福田の言葉は、参加者と将来参加してくれるであろう元首脳たちのみならず、世界に存在する人間すべてに語りかけているようでした。

二十一世紀を迎えるために必要なものを、世界人類的な視野で考え、提示する。言葉にすれば実に短く単純ですが、それにはどれだけ膨大な労力と知識と勇気が必要なことか。その時点では私には想像もつきませんでしたが、福田は現役の議員であった当時から、口にした理想を現実路線に繋げる人間でした。

会議場には、楕円形に繋がるように造られた二人がけの見事な木製テーブルがずらりと二四台連なっていました。楕円形のテーブルの内側にあたる部分にもきれいな木材パネルが下がり、座る人たちの足が見えないように配慮してありました。真ん中の広い空間には、美しい花の束があふれんばかりに活けられた大きな花瓶。机上には、そこに座る人のネームプレートが配置され、その他にマイクロフォン、同時通訳のイヤホン装置、瓶入り炭酸水と淡水とコップ、会議関連資料、メモ帳、ボールペン。第一回総会（一九八三年）の頃は、まだ禁煙が厳しくなく、灰皿も各席に用意されてありました。

議長席側に、クルト・ワルトハイム議長と福田赳夫、事務局長のブラッドフォード・モースが座り、その両側に、縦長で参加者がアルファベット順に着席していました。参加者とは、メンバーである元首脳たちと特別ゲストです。前者が議長席近くに、後者は離れた所に、という席順でした。参加者たちの後ろには、それぞれに同行した夫人、補佐官や警護官、大使館員等がいつでも補佐できるように控えていました。

このウィーン・スタイルはそれ以降の総会でも踏襲されましたが、九〇年代に灰皿は消えました。灰皿がなくなってからは、ヘビースモーカーのシュミット（当時議長）は、もっぱら嗅ぎタバコを吸っていました。

同時通訳ブースには最初の十五年間、必ず英語、仏語、スペイン語、日本語の通訳たちが入っていましたが、宮澤喜一（元首相）がメンバーとなった一九九六年以降、経費節約ということで、通訳は廃止。後にアラブ語や中国語の通訳が必要となりましたが、その経費は必要とする参加者の負担となりました。

大きな会議室内の片隅には喫茶用コーナーが設けられ、コーヒー、各種の茶、ジュース、コーラに、クロワッサンや菓子、美味しそうなパンが並び、午後はクッキーやケーキ、チョコレートが加わりました。通常、昼食はフルコースで、日本人には食べきれないほどでした。そんな量の昼食を摂ったあとなのに、喫茶コーナーでお菓子を手にする人々を見て福田は、「あれだから、彼らは太るんだ。でも元気でなにより」と、呆れながら笑っていました。

そのコーナーは、会議中も自由にセルフ・サービスが出来るようになっていました。発言希望者が多く、コーヒーブレイクの時間が取れない場合が圧倒的に多かったのですが、そういう時はこのコーナーがフル稼働していました。日本人スタッフは当初、西欧の元首脳たちが後ろに座る補佐官に頼まず、自らコーヒーを取りに行く姿を見て驚いていました。この喫茶コーナーは好評だったので、以降ずっと会議に欠かせない恒例となりました。

## 「これでOBサミットは〝離陸〟していく」

三日間にわたったOBサミットの設立総会では、福田の理想に共鳴したOBサミット参加者たちによって、継続して毎年議論していく優先課題を「①平和と軍縮、②世界経済の活性化、③人口・環境・開発・倫理の関連諸問題」の三点に絞ることが決まりました。

また、各年次総会での議論と結論を質的に高めるために、総会前に主要議題に関する「専門家会議」を開催することが決定しました。つまり、事前に世界中の優れた学者・専門家たちにテーマを包括的に議論してもらい、報告書を作成し、総会はその報告書に基づいて議論を進める、という方式です。

総会では時事問題から長期的な地球人類問題までを、三日間かけて真剣に議論しました。議論の総意は、「最終声明」という形で世界中に発信され続けました。もちろん参加した元首脳たちもそれぞれ自国語に翻訳し、発信します。OBサミットの考え方、折々の時事問題の分析、長期的な地球人類問題の提起と解決策。これらを広める努力を重ねたのです。

執行委員会は四〜五名で運営。議長には元国連事務総長のクルト・ワルトハイム（のちのオーストリア大統領）が選ばれ、福田の名誉議長就任も決まりました。福田の真剣さは各国参加者にも伝播して、議論は白熱していきましたが、途中やはり各国は自国の利益や自国の主張を強くするあまり、議論の収拾がつかなくなることもしばしばでした。

ワルトハイム議長がお手上げ状態になると、ずっと黙って議論を聞いていた福田が、「より広く、長期的な見地から、地球人類のために考えてほしい」と静かに諭すように発言しました。すると、顔を真っ赤にして論争していた参加者は、我に返ったようになりました。

いずれにしてもこの設立総会で、向かうべき道が確立したのです。

「これでＯＢサミットは〝離陸〟していく。具体的な運営方針と積み重ねる実績によって、Ｇ７時代の盟友たちを引き入れることもできるだろう」と福田は安堵し、明るい表情で帰国の途につきました。

ＯＢサミットはその後三十五年間にわたって、安全保障やテロ問題、経済・金融問題、環境や人口問題、宗教と政治の対話など、福田の言う「実績」を積み上げていきます。

## 世界人類のために成功させる

年次総会は通常三日間続きました。

参加者の到着日となる開催前日の夕方には歓迎レセプションが行われ、第一日目の午前中は現地政府高官、招待客、メディア、外交団も傍聴する開会式がありました。それは通常、会議とは別の場所で開催されました。

主催国政府首脳の歓迎挨拶後、福田が必ずＯＢサミットの意義と取り組む長期的な地球人類問題を語りました。そして三回目の年次総会以降は、シュミットが福田の後に、その時点で世界が直面している諸問題を分析した基調演説で、聴衆に解説するというパターンとなっていきました。開会式後は、現地政府主催の昼食会が開かれました。

第一回総会は、当時のオーストリア大統領ルドルフ・キルヒシュレーガーの主催で、十八世紀に建てられたマリア・テレジア女王の宮殿で開催されました。十八世紀のハプスブルク王朝最盛期に、彼女が暮らしたホーフブルク宮殿。現在は大統領官邸です。

絢爛豪華なロココ調の建物は、どこもかしこも素晴らしい彫刻や、巨大な東洋の花瓶などが所狭しと置かれ、シャンデリアもまばゆい部屋が何十室も続いていました。まるで夢の世界。そんな中に、不思議なものがありました。

広い昼食会場の部屋に置いてあった二メートル近い大時計の文字盤は、ラテン数字も配置も逆で、針の動きは左回りでした。

「どうしてなのか、わかりますか？」と大統領。皆首をひねる中で、ただ一人謎解きをしたのが福田でした。

「反対側の鏡に映して見せるためでしょう？」

「正解！」と大統領。さすが福田さんだな、ということで、全員が福田の回答に白ワインで乾杯しました。その時計は女帝の巨大な寝室に置かれ、女帝がベッド側の壁にかかる金枠の大きな鏡に映る時計で時間を見るために、わざと逆回りするように作らせたとのことでした。

マリア・テレジア女王の逆文字・逆回りの時計と、
ただ一人ナゾ解きをして嬉しそうな福田

第一日目の午後から二日目全日は、メンバーと特別ゲストだけが参加できるクローズド・セッション。喧々諤々の議論が続き、夕飯後にまた会議に戻ることも多々ありました。三日目の午前中に、前夜事務局が徹夜でまとめた最終声明の議論と修正、そして午後に記者会見、という流れ。記者会見に出席しない参加者は、帰国もしくは、現地を観光していました。

こうして第一回のOBサミット総会は終わります。先に述べたように、取り組むべき優先課題が決定し、二回目総会以降の仕組みなど、成果が上がりました。

総会終了後福田はすぐに、次に向けての戦略を考えていました。それは、欧州の元首脳らを参加させること。

OBサミットは、最初から脚光を浴びていたわけではありません。特に自国から参加のない国では、全く報道されないこともありました。

しかし、福田はそうした扱いをまったく意に介していませんでした。必ず、世界人類のために成功させる。その決心は微塵も揺らぎません。だからでしょうか、第一回総会という大仕事が終わっても「ホッとした」というよりも、次に向けて挑むのだ、という烈々たる意欲を示していました。

# 第二章 勃興

米ソ核軍縮へ
影響力を行使する

1986年　東京箱根総会（芦ノ湖をバックに）

## 「イエス」の返事をくれるまで、今日はここから去りません

すでに触れたように、福田にとってOBサミットを永続させるにはどうしてもヘルムート・シュミット（元西独首相）の参加が必要でした。シュミットの持つ知性と見識、思考力、行動力によって、グループを強化し維持発展させることができると確信していたからです。シュミットの国際的知名度も群を抜いていました。メディア対策としても、彼の存在はOBサミットの要となるものでした。

そして、何よりもこの新しい国際組織そのものはもちろん、指導していく福田自身にとっても、世界観・歴史観・価値観を共有し、国際的に説得力のあるパートナーが不可欠であることを痛感していました。それはヘルムート・シュミット以外ありえなかったのです。

シュミットを本格的に説得する機会は、第一回総会開催の二ヵ月後、一九八四年二月に訪れました。二人が、インドのニューデリーで開催された「国連人口基金」の会合に招待された折のことです。

インディラ・ガンディー（インド首相。この会合の八カ月後に暗殺）との会合後、夕食前に二人だけで会うことになりました。二人とも時間的には余裕があり、福田はかなり長時間話し合えると、期待をもっていたようです。このとき福田は、なんとしてもシュミットを説得するという固い決意をもってシュミットのもとを訪れました。

そこは、植民地時代を思い起こさせる英国式の重厚な部屋でした。福田は金縁の白い木枠に飾られたえんじ色のソファーに案内されました。前に据えられたコーヒー・テーブルには、磨きあげられた銀のティーセットが優雅に置かれていて、インド紅茶のかぐわしい香りが漂っていました。金糸の織り込まれたカーテン越しに注ぐ夕陽が、さらに部屋に輝きを加えます。

福田が開口一番、「おー、チャンセラー、あんたの銀髪とグレイのスーツとティーセットが良く合うね！」と声をかけると、「福田さん、貴方のいで立ちもすばらしいけど、今日もまた眠っていますね」と、シュミットはユーモアたっぷりに、細い目の福田に冗談を飛ばします。

「いやはや、あなたの出目とは違って、私の目は窪んでいるだけ……」

かつて西側の有力首脳であった二人のユーモアあふれるやりとりに、その場にいた全員が大爆笑しました。緊張でややこわばっていた通訳の私も、その瞬間に「ここで勝負あり」という予感がしました。

場が和んだあとすぐ、福田はシュミットに、『『イエス』の返事をくれるまで、今日はここから去りませんから」と宣言し、第一回年次総会で決定したことの報告から始めました。軍縮と平和、世界経済の活性化に加え、人口・環境・開発・倫理関連の長期的諸問題がグループの取り組む優先課題として決まったこと。専門家会議を設けて総会の議論の質を高めることなど、詳細に説明しました。

シュミットの知的好奇心と、署名する文書の質的高さへのこだわりを知り尽くしていた福田は、手応えを感じたようでした。そして、「第二回総会には絶対に参加してほしい」と懇願しました。

## シュミットの参加

シュミットは、明らかに強い興味を示していました。

特に、人類が直面する長期的諸問題と取り組むという構想、そして事前に総会での議題を専門家が議論し、報告書を提出してもらうという仕組みが気に入ったようでした。

「軍事問題は米ソにしか発言権がないが、地球人類問題は我々にも責任があり、我々皆の真摯な取り組みも必要ですね」とシュミット。

「そこなんですよ。世界中の国と人間全部がかかわりを持たなければ」と、福田は〝わが意を得たり〟と返答します。

ついにシュミットは、第二回総会参加の確約のみならず、総会前に開催予定の「通貨・金融・債務問題に関する専門家会議」の議長まで引き受けてくれました。このテーマの議長が務まる元首脳は、蔵相を経験し、国際経済にも高い見識を持つシュミット以上の適任者はいませんでした。

さらに、執行委員会への参加も合意してくれました。そうした返事を矢継ぎ早に聞いた福田が、ソファーから転がり落ちそうにして喜んだシーンが忘れられません。

「ウレシイ、ウレシイ！！」
シュミットのＯＢサミット参加承諾を得て、満面笑みの福田（左から中国の元外交部長黄華、シュミット、福田、米国の元下院議員ショイヤー、元農水大臣佐藤隆）

別れ際にシュミットが、「ところで、インドに人口問題の会議で来た限り、無視するわけにはいかないので、タケオの意見を聞きたいことがあります。七〇年代からインディラ・ガンディーが強制している男性の不妊手術は、ひどすぎるのでは？」

家族計画を強制してはならない、という信条の福田はこの意見に完全に同意しました。「もっとも、私はもうそんな手術は必要ないがね」と八十歳の福田がニコニコして応えると、「いや、私はまだ必要だから、捕まったら怖い」と六十六歳だったシュミットがおどけ、周囲はここでも大爆笑に。爆笑で始まったこの会談は、こうして爆笑で終わりました。

シュミットの説得に成功した福田は、その夜、満面の笑みを浮かべて、「これでOBサミットは安泰」と同行者にお酒を何杯も薦め、祝杯を挙げたことを覚えています。

福田が予想したとおり、シュミットの参加によってG7時代の他の仲間、フランスのジスカール・デスタン（元大統領）と英国のジェームス・キャラハン（元首相）もOBサミットへの参加を表明してくれました。以降、「福田・シュミット」コンビの卓越した指導力でOBサミットは順調に実績を重ねていきます。

## ナチスへの反発

福田が最も信頼した西ドイツの政治家、ヘルムート・シュミットは、西ドイツで八年余も政権を担当し、ドイツでは今でも「鉄人宰相」と言われ、業績が称えられています。今の日本ではあまり馴染みがないと思いますので、少しだけ彼について触れておきます。

誠実で知的で、思慮深く決断力と行動力に富んだ政治指導者兼芸術家というのが、私の持っているシュミット像です。誠実さは、ＯＢサミットで言えば「人類に対する誠実さ」であり、それゆえに仕事に対する姿勢はとても厳しいものがありました。「いったい、いつ休むのか」と思わせるほどの勤勉さに徹し、同時に、私たちにもレベルの高い成果を求めることが常でした。

それはおそらく、父親の影響だったようです。シュミットの父グスタフは、厳格さ、自己規律、義務感、そして勤勉を何よりも重視する教師でした。

ヘルムート・シュミットは、一九一八年十二月二十三日にドイツのハンブルクで生まれました。第一次世界大戦の敗戦から一カ月後。福田があと数日で十四歳のときです。

父母ともに教師で、母親のルドヴィツァは芸術的才能に恵まれ、子供たちを音楽会や美術館に連れて行ったり、ピアノを教えたりと、人生における芸術の重要性を学ばせます。首相現役時代に、シュミットの油絵が絵葉書となって人気を呼んだことがあり、またピアニストとしてバッハの曲を弾き、レコードを出した話はすでに書きました。超多忙な中でも、彼は美術館やコンサートには時間をつくって訪れていました。

シュミットの青春時代は、ヒトラー率いるナチス（国家社会主義ドイツ労働者党）全盛期と重なります。シュミットが十六歳の一九三四年、ドイツの全学校のスポーツ部が、ナチスの少年組織、ヒトラー・ユーゲントに強制的に組み入れられてしまいました。

その二年後、シュミットは自分が属するボート部の部室の壁に、「自由は光の矢のように世界を貫く」と書きなぐります。すると、即座にボート部から除名されました。窒息しそうな時代の息苦しさに、少年らしい感性で反抗したのです。「この事件でナチスの直接的影響から遠ざかったという安心感と、仕返しへの恐怖を同時に味わった」とシュミットは後に語っています（Carr, Jonathan, Helmut Schmidt, Widenfeld & Nicolson, London,U.K.1985）。

父グスタフの父親、つまりヘルムートの祖父はユダヤ人でした。ただ、グスタフは私生児だったために公的証明書には「父親不明」となっていて、ユダヤ人に対する弾圧を受けることはありませんでした。それでも、いつその事実が明らかになって一家が迫害や虐殺の犠牲になるのか、不安は尽きませんでした。

そんな中でシュミットは、読書を通じて人生の真理を探究します。彼が通っていたリヒトヴァルク校は、多くの古典を生徒に読ませました。彼はその中で、西暦二世紀のストア派哲学者、ローマ皇帝マルクス・アウレリウスの『自省録』に出会い、父から教わった道徳的義務感の重要性を再認識します。

この本は、後に傾倒する十八世紀のドイツ哲学者、エマニュエル・カントの『永遠の平和のために』と共に、シュミットの座右の書となり、生涯いつも身近に置いていました。そして責任感や義務観について、「極めて重要な道徳的価値」と考えるようになります。

シュミットは一九三七年に徴兵され、一九四一年には「史上もっとも凄惨な戦闘」として有名な、独ソ戦の真っ只中に投げ込まれるのです。壮絶きわまりないレニングラードの包囲戦と、モスクワ攻撃戦にも参加させられました。

「未だに、肉の焼けるにおいが鼻を突き、負傷者の叫びが耳にこびりついている」（Carr, Jonathan 前掲書）と後に語るほど、すさまじい体験だったようです。それは戦場を知る者の、置いてはいけぬ辛い荷物であろうし、また人間の愚かさを理屈ではなく感覚で教えてくれる装置であったかもしれません。

ナチス政権下でのドイツで兵士として戦ったシュミットは、「一方では祖国を守らなければならないという義務感、他方では、最終的敗北を延期することは恐るべき政権を延命させるだけ、ということもわかっていた」（Carr, Jonathan 前掲書）と当時の葛藤を後に語っています。

つまり、国の政治指導者が、政治的にも倫理的にも誤った道を歩めば、その国の国民がどれほどの苦しみを味わうかということを、戦争の最前線にあって苦しみ抜いたのです。このことは後に、シュミットの政治家に対する厳しい視座にも通じていきます。

## 鉄の宰相

戦後、平和は戻ってきたものの、ドイツは東西に分裂してしまいます。シュミットは苦しい生活の中、ハンブルク大学の経済学部に進学し、学びながら働きます。

ちなみにシュミットは、大学卒業論文のテーマに「日本とドイツの戦後通貨改革の比較」を選びました。彼が日本の通貨改革と呼んだものは、一九四六年の新円発行と預金封鎖からなる金融緊急措置のことです。まさに、当時福田赳夫が大蔵省で精魂こめて施策を準備し実行した改革で、戦後日本の超インフレと食糧難の克服に繋がりました。これをシュミットが卒論に取り上げたことは単なる偶然なのか、それとも運命だったのか。私には運命に思えてなりません。

シュミットは大学の恩師から推薦されてハンブルク市の経済・運輸省へ就職し、昇進を重ねます。この頃すでに、戦後再建された社会民主党にも参加し、その知的で鮮やかな弁舌で党内に名が知られ、一九五二年に連邦議会議員となります。三十三歳でした。

その後のシュミットの経歴は、一九六七年の西独大連合政権で院内総務、一九六九年に国防大臣、一九七二年に経済・財務大臣を経て、一九七四〜八二年の八年間、西独の首相を歴任しました。けっして屈することなく、良い意味で攻撃的であり、課題に真正面から取り組むことから、「鉄の宰相」という名を冠せられています。

シュミットは、一九八八年の総選挙を機に政界から完全に引退しました。福田もその二年後、議員を辞めます。

二人が、政界引退のことを話題にしたことがありました。その会話で印象的だったのが、「私たちは、人間であり続けるために政治を必要としているわけではない」という言葉でした。つまり、権力や権威に恋々とせず、バッジを付けていなくても仕事はできる、というニュアンスです。

以降シュミットは、二〇一五年の逝去まで三十年近く、知識人向けのドイツの週刊紙『ディ・ツァイト』の編集発行人として多くの名記事を残し、また、世界中で多数の講演を行ない続けました。

さらに政界引退後は、ほぼ毎年著作を出版し、それが必ずドイツ語圏諸国でベストセラー入りするという、大変人気のあるインテリでもありました。

「カントとマルクス・アウレリウスが、三十年間の政治生活を〝導いた星〟だった」と言うシュミットは、「鉄」の宰相であり、また「哲」の宰相でもありました。

福田は、「政治は最高の道徳でなければならない」という信条で、その政治家人生を貫きました。

一方シュミットは、哲学者エマニュエル・カントの基本的価値観――人間の倫理規範、平和の追求と維持、道徳的義務と理性の密接な関連――を自分の政治人生の指針としていました。二人には信条的にも近づく素地があったのです。

## 冷戦時代の大きな実績

シュミットの参加が決定し、ＯＢサミットは本格的に始動していきます。

私が手伝った三十五年間のＯＢサミットの歴史を回顧し、その特徴を一点だけに絞れと言われれば、私は「先見の明」だと答えます。

彼らの提言は、どの時代でも一般的に通用する紋切型の政策ではなく、未来志向型でした。時には突飛に思えた提案さえありましたが、それらも後には適切だったと証明されていきます。

まずは冷戦時代に打ち出された政策提言で特に顕著な功績を五点、ここに強調しておきたいと思います。

①米ソ対話（実現）
②環境問題に関する国際会議の開催と二酸化炭素排出量の制限目標値の設定（実現）
③史上初の世界主要宗教家と政治家の対話（実現）
④南アフリカのアパルトヘイト政策中止（実現）
⑤欧州中央銀行の設置と統一通貨の導入（実現）

です。なお、ＯＢサミットの各年開催地、テーマ、そして参加者については、巻末の年表を御参照ください。

## 米ソ対話を促す

第二次世界大戦後の世界は、米国とソ連を中心とした東西ブロックに分断され、両陣営のにらみ合いと軍拡競争が半世紀近くも続いていました。世界は、現実に核戦争が起きるかもしれない、という脅威にさらされ、朝鮮半島やインドシナ半島など、アジアでも両陣営による激しい戦争が展開されていました。

ＯＢサミットが設立された一九八〇年代は、その冷戦が頂点に達していた時期です。そしてＯＢサミットの最初の大きな成果は、米ソ二大超大国の対話を執拗に促し、実現させたことです。当時米ソの指導者たちは、六年間も対面すらしない状態にありました。

ＯＢサミットは提言として、米ソ両陣営指導者が可能な限り早期に「直接対話」を再開することを、一九八四～八五年にわたり、四回も強く求めました（一九八四年六月に旧ユーゴスラビアのブリオニから、同年九月にコロンビアのカルタヘナから、八五年五月にパリから、そして、同年十一月にハンブルクから）。

これは、敵対する者同士の対話の重要性と、それによって問題が解決する可能性を深く信じていたシュミットが率先して動いた結果でした。

たとえ超大国の最高指導者が互いに顔なじみになる、という事実以上の進展は見られなくとも、その種のサミットが果たす役割は大きい。異なる政治的イデオロギーにとらわれず、すべての政府間でコミュニケーションは維持されなければならないと、シュミットは信じていたのです。また、ＯＢサミット二十数名の各国元首脳たちからの勧告は、超大国といえども簡単に無視できるものではないことを、シュミットは知っていました。ＯＢサミットの全メンバーは当然のごとく賛同し、前述のようにメンバーが集合する際には必ず、ワシントンとモスクワに「直接対話再開」の要請を発信し続けたのです。

ワシントンには、ヘルムート・シュミットや英国のジェームス・キャラハン元首相が米国の友人経由で働きかけ、モスクワへの伝言は、当時共産圏だったハンガリーの元首相イェノ・フォック首相が担いました。

## ブリオニ総会——一九八四年六月

米ソ対話を促し、通貨問題に真剣に取り組んだ第二回年次総会は、旧ユーゴスラビア（現在のクロアチア）のブリオニ島で開催されました。そこは、コバルトブルーの穏やかなアドリア海に浮かぶ小さな島々の一つで、ローマ時代の遺跡の破片がゴロゴロと転がっていました。

総会は、一キロ平方メートル強の小さな島に一軒だけの建物で開催。旧ユーゴスラビア建国の父で、この会議の四年前に逝去したヨシップ・チトー大統領が、保養所兼国賓クラスの接待所として使用していた場所でした。外の美しい風景とは対照的に、瀟洒なものは何もなく、ただ広いだけの建物は、共産圏特有の実際的な建造物そのものでした。

ブリオニ総会の開会二日前に、飛行機と船で二六時間かけて到着した福田は、一日休んだだけで、いたって元気。

シュミットと二人きりの時間をもった時、「国家元首が不在で、集団指導制をとっている『チトー後』のこの連邦国の将来は、どうなると思いますか？」と福田は真剣なまなざしでシュミットに尋ねます。

ユーゴスラビアの将来を懸念しての言葉です。シュミットは、「ギリシャ正教、カトリック、イスラムという、何世紀も競い、争ってきた三つの宗派と多民族の集団をまとめられるのは、チトーのような強権でないと無理です」「しかも彼はナチス・ドイツをバルカン半島から追い出し、共産主義国家でありながらモスクワ（ソ連）に抵抗できたし、国民には、貧しくも平等な生活を保障したから皆がついていったのです。そういう人物はもういない」とタバコをくゆらせながら返事していました。

冷戦のただ中、東側の小国だったユーゴスラビアの将来を危惧するような議論は、ホストであるユーゴスラビア政府への配慮からか、ブリオニ会議中には出ませんでした。しかし、二人は憂慮していたのです。

二人の危惧は、その約十年後に現実のものとなりました。膨大な犠牲を払ったバルカン紛争（一九九一〜二〇〇一年）と、それに続く七カ国の小国への独立です。二人にはそれが見えていたようでした。私は四十年近くたった今、当時の二人の会話を思い出して、改めて驚きを禁じえません。

なお、福田はこのブリオニ総会の基調講演で、興味深い指摘をしています。

・世界経済は楽観してよい状況ではない
・米国の財政と貿易の「双子の赤字」や途上国の累積赤字は、大きく増大している
・過剰な国際流動性（それによる物価上昇）、異常な高金利、為替の乱高下、不気味な保護主義

これら三点に対して警鐘を鳴らしました。

蔵相時代、そして首相現役時代にも経済の舵取りを巧みに行ない、異常な物価上昇や経済の落ち込みを防いできた福田ならではの視点です。しかもお気づきのように、これらは現在の世界経済でも大きな課題になっており、先を見通せる財政家の重要性を改めて感じさせます。

さらに福田は、軍拡についても触れました。

「核軍縮に関する討議が国連その他の軍縮委員会で行なわれ、多くの提案がなされてきましたが、一つとして結実しておりません。なぜか。それは、まさにシュミット元首相が指摘されるように、交渉当事者間に信頼関係がないからです。何よりも嘆かわしいのは、そのような信頼感を醸成する場すらないことです。軍縮、とりわけ核軍縮の出発点は米ソ間の率直な対話であり、それに続く米ソ間の信頼構築であります」

ブリオニ総会の最終声明では、米ソの両指導者が可能な限り早期に、直接対話を再開すること、その目的達成のために関係諸国が協力することを要請しました。さらに、「米ソは弾道弾迎撃ミサイル制限条約（ＡＢＭ）と、核不拡散条約（ＮＰＴ）について、共通の解釈に達すべきだ」と

強く勧告しました。

その後の米ソ対話実現という展開を見ても、これらの提言が極めて重要であり、ＯＢサミットが果たした役割が明確になると思います。

## カルタヘナ執行委員会――一九八四年九月

次年開催するＯＢサミット年次総会の準備は、中心メンバーが構成する執行委員会が担いました。そして一九八四年九月、南米コロンビア政府の招請で、旧城壁町カルタヘナで執行委員会が開催されました。

カルタヘナは十六世紀初めに築かれ、米大陸で最古の城塞町のひとつです。石畳の細い道路を走る馬車の蹄の音が耳に心地よく響き、街角には陽気にラテン音楽を演奏する人たち。福田は魅力あふれるこの古い町を満喫していました。

コロンビアからのＯＢサミット参加メンバーはパストラナ・ボレロ元大統領。

「地理的だけでなく、経済発展でも正反対にある日本からは、学ぶことばかりで、特にセニョール・福田の発言には、いつも細心の注意を払っている。かつて、アインシュタインがガンジーについて『道徳的に優れた人生は無敵』と語ったことがあります。多くを教えてくれた福田氏に同じ言葉を贈ります」（『二十一世紀へのメッセージ』）と福田を慕っていたパストラナ。ＯＢサミット設立準備からの協力者でした。

さて、この原稿を仕上げているとき（二〇二三年六月）、コロンビアでの飛行機事故が世界中に衝撃を与えました。

事故後、搭乗していた十三歳の女の子をはじめ乳児を含む四人の子どもたちが、四十日間もジャングルで生き延びて発見された、という奇跡のようなニュースです。

子どもたちは、反政府ゲリラを恐れて姿を隠していたとのこと。この事件を知ったとき私は、OBサミットメンバーが関係したコロンビアでの事件を思い出しました。

パストラナ・ボレロの息子、アンドレスが一九八八年に麻薬カルテルによって誘拐されたのです。アンドレスは、コロンビアでOBサミットの執行委員会が開かれていた当時、テレビ・キャスターでした。そして執行委員会の時には、真っ先に福田をインタビューしていました。

アンドレス拉致のニュースを聞いて、わがことのように心配した福田は、パストラナに「ご令息の無事を心から祈る」と、心を込めたファックスを何度も送ります。大変な心労の渦中にあったパストラナは、敬愛する福田の心遣いに大いに励まされ癒やされたようです。こうしたとき、儀礼的に一、二度、手紙か何かを送ることはあるかもしれませんが、福田はアンドレスが解放されるまで毎日励ましのファックスを送り続けました。

「生きては戻れないだろう」という悲観論が多かった中、アンドレスは一週間で奇跡的に救出されました。そして一九九八年、国民的英雄となったアンドレスはコロンビアの大統領に選ばれます。福田が亡くなった三年後のことです。福田もアンドレスの大統領就任を知ることができたら、どれほど喜んだことでしょう。

アンドレスは、大統領の任期が終わった二年後の二〇〇四年にＯＢサミットに正式に参加します。親子でＯＢサミットのメンバーになったのは、福田赳夫・康夫親子の他、パストラナ親子だけでした。

それにしても、中南米の政情不安はなかなか正常化していきません。

第三章で詳しく述べますが、ＯＢサミットは九〇年代に中南米地域であるメキシコとブラジルで年次総会を二回開催し、中南米が抱える諸問題を討議しました。そして現実的な提言も行ないましたが、三十年以上経っても、暴力集団による危険に今なお変わらずさらされています。貧困に端を発する政情不安や麻薬カルテルの暗躍などは、結局最も立場の弱い人間に害を及ぼします。だからこそ、たとえすぐに実現しなかったとしても、ＯＢサミットのような会議体が倦まず弛まず提言を行なうことは極めて重要であると考えています。

## ピエール・トルドーのバラ

カルタヘナでの執行委員会の翌年、一九八五年。新たにＯＢサミットに参加した人物にカナダの元首相、ピエール・トルドーがいます。カナダで通算十五年半も首相を務めた政治家で、長年首相の座にあったため参加時点ですべてのメンバーが友人でした。ＯＢサミット参加は首相退任の翌年になります。

トルドーの参加を最も喜んだのは、同年齢のシュミットでした。

互いに首脳として、各種交渉や国際会議の常連であり、二人はお互いをからかい合うほどの間柄になっていました。福田赳夫もロンドンとボンでの先進国サミットやトルドーの訪日時の二国間会議を通して、大変親しくなっていました。

トルドーは一九一九年生まれ。ずば抜けた頭脳の持ち主として有名で、会議でも「正確に理解してもらいたい」と、相手によって英語、フランス語、スペイン語を自由自在に駆使しました。思慮深く、開発途上国の発展を心から応援し、社会正義を最重視する発言は、弱者の味方そのものでした。

トルドーは欧米の女性から絶大な人気を誇りましたが、その理由の一つは、胸に挿したバラです。首相退任後のトルドーはどこにいても、いかなる状況でも、何を着ていても、いったいどこから入手してくるのか必ずバラの花を一輪、胸に挿していました。

ＯＢサミット初参加のパリ年次総会（一九八五年）でのこと。福田はトルドーの背広のラペルに挿してあったバラに、直ぐ気が付きました。「オー、伊達男、なかなかやるねー」とトルドーの胸のバラを指すと、「今は、バラの花を見つけるのが毎朝の仕事です」とトルドー。

すると福田は、「このＯＢサミットの期間中は、私が届ける」と粋な約束をします。以降、福田逝去までの十年間、会議中は毎朝バラを一輪買ってトルドー首相に届けることが、ＯＢサミット事務局の作業として加わりました。

ある年シュミットが、「なんでピエールだけに？」と福田に文句を言うと、「彼が伊達男だから。チャンセラーもハンサムだけど、その体格にバラは似合わない」とつれない返事をして、また皆の笑いをさそいました。

そんな新メンバーを加えた第三回年次総会は、一九八五年四月、パリで開催されました。福田もシュミットもこの旧友の新たな参加を大歓迎しました。

ある日、シュミットが福田に、「彼の心はいつも正しいところにある。カナダではリベラル党だが、ヨーロッパだったら社会民主主義者ですよ」と言うと福田は、「私の心も正しいところにあると思う。彼は、日本だったら、自由民主党だろうな」

「いや。確かに貴方の考えとほぼ一致しているけど、自民党ではなく、福田党でしょう」と切り返されました。

シュミットにとって当時の日本の自民党とは、ロッキード事件で田中角栄が一九七六年に逮捕され病に斃れた後も、後継者たちが依然として影響力を行使していた「田中政治的政党」という印象だったようです。

## パリ年次総会

パリ会議で福田はまず、改めてOBサミットの設立経緯とパリ総会までの活動を説明し、世界情勢を分析しました。

米国経済の六％成長によって世界貿易が拡大、先進諸国でも二％拡大し、開発途上国でもプラス成長に転じたことは好ましい。しかし米国の財政赤字、高金利、貿易赤字、不自然なドル高が、世界経済とりわけ債務国に影響を及ぼすのではないか。欧州の高い失業率、過剰な国際流動性、各国の保護主義など、課題が山積している。

そしてここでも、軍事に関する危惧を表明します。

・各国は軍事支出が増大し続け、一兆ドルにも達しようとしている
・米国は軍事費が総予算の二十五％、ソ連に至っては四十四％を占めるに至っている
・軍事費の増大が多くの国、とりわけ米国の財政赤字を生んでいる
・米国が軍事費を削減できれば、世界経済の本格的な回復への道を開き得る

としながら、こう付け加えることも忘れませんでした。

「ただし、軍事力は相対的な問題なので、米国のみが一方的な軍縮を進めることは望めない」

そして、再び対話の重要性を指摘します。

「今日、米国が一番必要としていることは、軍事支出の重い負担に喘いでいるに違いないソ連との間に信頼関係を回復することです。そうすれば、米ソ両国は共に軍縮への道を歩めるのです。それは軍拡競争によってもたらされた政治的、軍事的な危機の回避のみならず、世界経済の現状を改善できる決定的な第一歩を可能とするのです」

「私は、過去六年間も米ソ両国の指導者が会うことすらなかったことを、残念に思っております。しかし、両国指導者の会談を再開できる環境が整いつつある兆候が見られるのではないでしょうか」

福田は、政治的、あるいは社会的な要因に加えて、経済的に両国は軍縮への道を模索する可能性が高い。だからこそ、そのきっかけを作らねばならないと考えていました。

「両国指導者は会うべきです。その会合で、信頼と確信を回復させる手がかりを探り出せるでしょう。そして、会えば会うほど、相違よりもむしろ共通点を発見することでしょう。インターアクション・カウンシル（OBサミット）は行動を志向しています。米ソ・サミット会議の環境づくりのために指導力を発揮しようではありませんか」

こうした福田の考え方を、OBサミット主要メンバーも共有していました。パリ年次総会では次の三点、①開発途上諸国の軍事支出、②核軍縮、③失業の問題が議題でした。最も強調された提言は、やはり、「早期に、米ソ首脳会談を開くべきである」という勧告でした。

また当時の目新しい提言としては、通貨問題に関連したものがあります。

「国際貿易の数千倍もある通貨の国際的動きに対処しない限り、通商交渉の成功はありえず、深刻な経済問題を引き起こしうる」と警鐘を鳴らしたのです。この危惧は十二年後の一九九七年七月に発生したアジア通貨危機で立証されます。ヘッジファンドなどの介入で通貨の空売りが横行し、タイに始まりインドネシア、韓国などの通貨が暴落して経済危機を招いたのです。

長年の経験と英知、世界的な見識を兼ね備えたOBサミットのメンバーたちならではの先見性ではありましたが、この警告を活かすべき素地が各国（特に新興国）の政治・経済になかったことが悲劇を生んでいきます。

加えて、当時全世界で毎年八〇〇〇万人ずつ増加し続けていた人口問題についても、これまで以上の取り組みの必要性を訴えました。

## 政敵から懇願され蔵相に

経済に関して言えば、OBサミット創設者である福田も、その盟友のシュミットも、いずれも経済・財政の専門家でした。福田はすでに触れたように戦前からの大蔵官僚で、終戦翌年の一九四六年（昭和二十一年）には、超インフレと食糧難解消のための金融緊急措置（「新円発行」

と「預金封鎖」を主な柱とする措置）を任されます。

蔵相として国債発行でオリンピック後の「昭和四十年不況」を乗り越え、一九六八年には西ドイツを抜いて日本は世界第二位の経済大国になったのです。

宿敵・田中角栄政権時には、ピンチヒッターとして蔵相に就任しました。田中内閣発足後一年で、卸売物価が対前年度比二五％も高騰し、国際収支も赤字に転落してしまいます。そこに第一次石油ショック（石油価格が一挙に四倍増）が追い打ちをかけました。しかも、蔵相であった愛知揆一が急死したのです。

窮地に陥った田中首相が、福田に頭を下げて「大蔵大臣をやってほしい」と嘆願してくると、福田は、日本列島改造政策を取りやめることを条件に引き受けました。田中から経済・財政政策を一任された福田は、「全治三年はかかる」と明言して、総需要管理政策をとり、経済運営を切り盛りしました。

福田は異常な物価高を「狂乱物価」と名付け、徹底的にこれを解消すべく取り組み、本人の公言どおり見事三年で事態を鎮静化させました。「経済の福田」のまさに面目躍如です。

福田は戦前の若き日、大蔵省からロンドンに派遣されますが、国際通貨の基軸国だった英国が金本位制（通貨を金で保証する制度）から離脱し、外資欠乏の危機を乗り切ったものの、英国通貨は国際通貨の基軸ではなくなってしまいます。彼は、その過程を現地で目のあたりにし、国際金融のダイナミズムと危うさを肌で感じ取ったようです。

ＯＢサミットの主要メンバーには、国際経済や国際金融に明るかったシュミットをはじめ、財務経済相を歴任したフランスのジスカール・デスタンや、同じく財務大臣を経験している英国のジェームス・キャラハン、世界銀行などで活躍した米国のロバート・マクナマラなど、財政金融の専門的知識と世界的な視野を併せ持つ元首脳たちがおり、彼らの知見が折々の提言に反映されていったことは言うまでもありません。

## そのうち収拾つかなくなる

パリ総会の終了後、翌年の総会が東京に決まったことで、福田は出発前のシュミットの部屋に相談を兼ね訪ねて行きました。人口問題と核軍縮をテーマに取り上げたいので、執行委員会で賛同して欲しいという主旨でした。

二人が合意すると、いつものように話題はすぐ他に移りました。そして興味深い文化論が展開します。コーラを飲み、タバコをくゆらせながらシュミットは、「パリは街全体が博物館。ヒトラーでさえ破壊できませんでした。パリに来るたびに、私はドイツの貧困な文化が恥ずかしくなるんです」と吐露します。

「じゃあ東京はどうなっちゃうんだ？」と福田が困惑顔を見せると、シュミットは「いやいや」という顔で、「終戦後の復興時に、総合的な都市計画がなかったのが残念でしたね。でも敗戦の瓦礫の中で、文化など考える余裕なんて誰もないでしょう。それでも、京都や奈良のように素晴らしい古都が残っているじゃないですか。龍安寺の石庭は、まるで額に納められた静物画のよう。何世紀にもわたって、偉大な静寂を放ってきた芸術など世界中にありません。日本は小さく魅力的な文化を持つ芸術の国です」と日本文化を称賛します。

これに対して福田は、「古き良きものは大事に保存しなければね。しかし、みな昔のものです。残念ながら今の日本は更なる豊かさを求めるばかりで、文化などあまり関心がない。文化とは、豊かな時に築かれるものなのに。そのうち、収拾つかなくなる時がくるかも」と嘆息していました。

パリ総会の直後、日本で一大経済金融バブル景気が発生しました。日本の企業がニューヨークの名物ビルを買いあさるほどの金余り時代がしばらく続きましたが、大した文化も残さず、バブルは崩壊していきます。

この時のシュミットとの会話を思い出すたびに、福田赳夫にはそれが見えていたように思えてなりません。

## 米ソ首脳会談が実現

一九八六年の総会（東京）を準備するための執行委員会は、多忙なヘルムート・シュミットの時間を考慮して一九八五年十一月、ドイツのハンブルクで開催されました。その折、シュミットは執行委員たちの中から、福田赳夫夫妻だけを自宅でのお茶に招待してくれました。全員を呼ばないのは「自宅が手狭だから」という理由でしたが、おそらく親友夫妻だけを招きたかったのではないでしょうか。

総領事館での夕食会前の、遅い午後でした。

労働者が多く住む住宅地。シュミット宅に着いた福田は、「長屋なのか！」と驚いたのですが、それは道路に面した警護官たちの駐留事務所でした。その横を通り裏側にある玄関に案内されると、「さすがだな」と慨嘆します。廊下の両壁には重たい印象のドイツ表現派の油絵に並んで、北斎の版画が二枚飾ってありました。東西の完全に異なる画風でも、不思議とつり合いがとれていました。

廊下の正面にはピアノが置かれ、左側には階段、右側は落ち着いた居間に続いています。居間の全ての壁には、床から高い天井まで本がぎっしり並んでいました。

「そこにはブレジネフもフォードもジスカールも座ったから、福田さんもどうぞ」と古びた黒革のソファーに案内されると、「いやはやとんでもない長屋だ。負けたね！」と、福田は美と知の集積のような内装に圧倒されていました。

どこからか教会の鐘の音が風に運ばれてきます。心地よい響きの中で会話も弾みます。主題はもっぱら、超大国米ソの対話を促す声明に関してでした。

米ソは相互信頼を築くために対話を重ねるべきである、という互いの考えを確認しつつ、最後は、いつものように和気藹々とした雰囲気になりました。

帰り際に福田は、「帰ったら我が家もリフォームしなきゃ、チャンセラーを呼べないな」と。しかしシュミット宅はドイツでは普通の中産階級の住宅です。唯一特別なのが、植物学者であるロキ夫人の温室と、地下のプールでした。プールは警備上、公共の設備が使えないので、「首相時代に作った」と説明がありました。

このとき福田はシュミットから、「日本人の家に行ったことがないので、次の訪日の際はぜひお宅に呼んでください」と頼まれていました。

このハンブルク執行委員会でも米ソ対話の必要性が、両国に強く勧告されました。その数日後、ついに当時の米ソ首脳、ロナルド・レーガン大統領とミハイル・ゴルバチョフ書記長による会合が、スイスのジュネーブで実現しました。ここで両国は、「核戦争は起こさない」と確約する声明を出し、世界中から歓びをもって迎え入れられます。

当然、他にも働きかけたグループはありましたし、米ソ両政府内でもそうした機運を探っていました。しかし、ＯＢサミットが一番声高に、そして執拗に訴え続けたことの影響は大きかったと、当時の米ソ両国関係者、マスコミなどで広く認識されていました。

六年ぶりの「米ソ首脳対話開催」のニュースを耳にした福田赳夫は、ＯＢサミットの力量を確認できていたく喜んでいました。事務所だった旧赤坂プリンスホテルで、夫人の厳命で守っていた禁煙を破り、喫煙者から一本分けてもらってふかしていました。

「単独ではできないことでも、元首脳が集まると世界は動くのだ」と細い目をさらに細めて、至極ご満悦の様子でした。

## シュミットと戦争

ここで、シュミットの戦争観について触れておきます。それは、シュミットが福田と共にOBサミットを通して「対話と信頼」を強力に推進した理由が理解できるからです。

シュミットの平和に対する考え方には、カントの哲学が大きく影響していました。

シュミットは首相時代の一九八一年三月、ボンでの講演の中で以下のように語っています。

「カントにとって平和政策とは、全ての関係者の利益のために、国家間の紛争を解決すべく継続的に努力することだった。私は平和政策を語るとき、カントの〝平和とは通常の状態ではなく、常に努力して築き上げねばならないもの〟という教えをいつも念頭においてきた」

努力をし続けなければ平和は維持できない、ということです。

「カントはまた〝国家間の均衡〟という概念も紹介し、その法則を発見しなければならない、と説いた。さらに彼はこうした均衡が相互依存する国家間での〝公共的に安全な国際関係〟を作り上げる役割をも期待していた」

難解な説明をここで引用したのは、冷戦時代に首相だったシュミットがこの「均衡論」を用いて、東西両陣営の軍縮交渉に奔走したからです。

「東西間の軍事力が均衡していなければ安全保障はありえないし、均衡に基づいて平和を守りうる軍事力の安定化と軍事力削減の交渉を通して、より大きな安全保障が可能となるからだ。人類が死にいたるような軍拡を阻止するには、これしか答えはない」

米ソが軍拡競争で対決していた冷戦時代に、均衡によって平和を維持するしかないと彼は信じていました。

シュミットはしかし、単純に均衡だけで平和を保てるとは考えていませんでした。

「均衡は平和にとって必要条件ではあるが、十分条件ではない。それは平和的態度（相手に対する自己規制、相互に話し合い相手の意見を聞く意思、相手の関心を理解し尊重できる意思、妥協できる意思、協力する意思）によって補足されなければならない」と常に付け加えていました。

そして彼は、安全保障と平和に関する持論として、次のように米ソ双方を説得し続けたのです。

「カントは〝いかなる国家も他の国の憲法や政府に武力介入してはならない〟と書いた。これは、今日、国連憲章などの国際法の重要な要素となっている。国家間の協力、軍縮等の合意に必要な基本は、相互信頼である。合意は信頼の深化を促進する。その過程でわれわれが認識しなければならないことは、東西対決において偏見が片一方のみに存在するのではない、という点である」

こうした固い信念に基づいて、シュミットはソ連をはじめとする東欧の指導者たちとの継続的対話と和解に最大限努力し、米国の歴代大統領たちにも、そうすることを常に勧めていたのです。そして信頼構築について次のように語りました。

「恐怖は両側に存在する。信頼構築のための国際合意は、恐怖感を排除できる環境を作りうるし、それによって、双方が相手側に対する認識を変えることも可能となる。信頼構築はまた、相手側の動機の様々な要素の認識に繋がり、それが相手の国内事情への理解をももたらしうるのだ」

シュミットは、互いに恐怖を感じているときには、まず話し合える環境をつくるべきであり、話し合えれば認識を変えることも、相手を理解することもできるのだと言います。

信頼構築のための合意が、恐怖感を排除できる環境を作りうる。まさに、ブリオニ総会での福田の発言と軌を一にするものです。この主張は、ドイツ人が避けることのできない、暗く重い歴史からの、大事な教訓の一つでもあったのでしょう。

## トーマス・マンと鉄条網

「折角ハンブルクに来たのだから、トーマス・マンの生家と東西ドイツを分断している鉄条網を見たいな」と言って、福田は執行委員会の翌日を見学にあてました。

トーマス・マンはノーベル文学賞を受賞した、二十世紀前半の著名な作家です。

「トーマス・マンをお好きですか？　それは素晴らしい。マンの生家は戦争で破壊されたが、再建されて今は記念館になっています。当時の趣そのままのようです。我が家に来てくれた要人であそこに行きたいと言ってくれたのは、タケオが初めて」と、シュミットは嬉しそうに、トーマス・マンの著書を手にしながら色々と説明してくれました。

マンの生誕地はリューベック。ハンブルクから車で北に一時間ちょっとのその町はバルト海に面し、中世のおとぎの国をそのまま保存したような街並みが続いていました。小さなフォルクス・ワーゲンですら、石畳の細く狭い道路を物理的に通ることができません。

トーマス・マンが残した原稿や写真等が飾られた記念館で、福田は一つ一つ熱心に見入っていました。帰り際に、マンがほぼ毎日通ったという小さな喫茶店で、素晴らしい香りのコーヒーを飲みながら随行の人たちに、「ユダヤ人だったから、大そう苦労したのですよ」と、マンの人生や『魔の山』等の作品について語り、「どこでそんな知識を？」と総領事を含む同席者を驚かせました。

ハンブルクへの帰り道では、東西ドイツを有刺鉄線で分断していた国境線を視察しました。この頃はまだ、東西ドイツが分かれていたのです。

曇り空の下、灰色の鉄条網と監視塔以外何もなく、ひと一人いない荒れた草原でした。そのせいでしょうか、まだ十一月だというのにひどく寒く感じました。

「日本は、戦後分断されずに済んで、本当に幸運だった」と、福田は寒さに震えながら同伴者たちに諭すように語っていました。当時は戦後四十年。未だにあの戦争が尾を引いていた現場を訪れた同行者たちは、「日本も東西陣営に分断されていたら」と想像し、言葉もありませんでした。

シュミットがユダヤ人の血をひいていることも、それ故にどれだけ弾圧への恐怖を感じていたかも、福田は痛いほど理解していました。シュミットはそうしたことを福田の前であからさまに言葉にすることはほとんどありませんでしたが、ドイツでは公の場で、ホロコーストなどについて考えを表明しています。

## シュミットとホロコースト

ナチスドイツによるユダヤ人大量虐殺、ホロコーストは、史上最大最悪の非人間的犯罪でした。これを背負うドイツ人指導者は誰であれ、この歴史的汚点から逃れるわけにはいきません。シュミットもさんざん悩み苦しみました。

「あの残虐な集団的犯罪、悪事がどうして起こりえたのかという疑問は、人間の魂に関わる根源的な問題に導く」と、シュミットはホロコーストについて考えていました。

首相時代の一九七八年十一月、ドイツのコロンにあるシナゴーグ（ユダヤ教会）での講演は、次の言葉で始まります。

「ドイツは、予想可能な将来においても普通の国にはなれない。普通の国への道程には、歴史という巨大で独特の障害が立ち塞がっているからだ」

普通の国にはなれない――。短いワードでありながら、なんと重く、苦しい響きでしょう。

そして彼は、大多数のドイツ人が、沈黙を守ることで大虐殺を許してしまったということを指摘します。過ちが行なわれていることを黙って見過ごした結果があの惨劇であり、戦後ドイツ人が負わされたとてつもない罪悪感でもあったのです。

さらに、ナチスの暴政の種が、その登場の前にドイツにあったことについても語りました。

「ヒトラーとその取り巻きは、前例のない非道なエネルギーでドイツとユダヤ人、そして隣国諸国を大破滅に追いやってしまったが、その下地はすでに作られていたのだ」

その下地とは偏った教育です。

第一次世界大戦前のドイツ帝国では、人間の尊厳にかかわる倫理規範としての民主主義を教えなかった。だからあまりにも多くのドイツ人が、第一次大戦後誕生したワイマール共和国でも民主主義を理解できなかったというのです。したがって彼らは、議会制民主主義と開放社会がもたらすチャンスも理解できなかった、と。

そして第一次世界大戦の敗戦後、多数のドイツ人が抱いた「帝国消滅」という不安に、さらに極端な経済的困窮が追い打ちをかけました。それが民主主義とその支持者たちに対する、醜悪な憎悪と軽蔑へとドイツ人を駆り立ててしまったと、シュミットは分析しました。そして最終的に、「ユダヤ人を襲った惨劇がドイツ人の真髄にとどめを刺した」と。

大半のドイツ人が、自らの不安と焦燥に起因する罪の身代わりをユダヤ人のなかに見出し、自らの怒りを彼らに向けて爆発させたというのです。

当時も、そして現在でも、「憎むべきはやつらだ」といって特定の対象への憎悪を煽り攻撃する人々が存在します。シュミットは自国の歴史体験から、差別や偏見がどれだけ恐ろしい結果を人類にもたらすのかをよく知っていました。

国や宗教や民族が違っても、肌の色が異なっていても、互いを尊重し合える社会がどれほど大切か。それを実現するためには何が必要か。この点で、人種や宗教についてまったく偏見を持たなかった福田と歩調を合わせたことは、ごく自然な成り行きであったと言えましょう。

## 東京・箱根総会

全てのメンバーが心待ちにしていた日本での総会が、一九八六年四月、東京と箱根で開催されました。招待客やプレスも入る開会式は東京で、参加者のみのクローズド・セッションは神奈川県の箱根で行なわれました。

中心テーマは「人口と環境問題」、「核軍縮」、「国際テロ」、「アパルトヘイト」、そして「世界経済の復興」と多岐にわたりました。とりわけ環境破壊に注目し、各国に対して国際協力、環境教育、環境技術の無料移転など、特定の環境保護プログラムの導入を勧告しました。

また、福田自身が長年取り組んできた人口問題についても、総会で次のように述べました。

「人口問題は各国の文化、イデオロギー、宗教と深く関わっております。独自の人口政策を立案することが各国の権利であることは争えませんが、この地球規模の問題の解決策を模索するにあたって、当該諸国の宗教・文化の間に可能な限り妥協点を見出すことを優先させなければなりません」

人口の激増に伴う問題は、人口減少の続く日本では取り上げられる機会が少ないようですが、福田が取り組んでいた当時から世界が直面する大きな問題であり、人口増加が食糧難を招いてそれが経済に影響し政情不安を招き、やがて世界を巻き込む大問題になることを福田は早くから感じ取っていました。

何より、人の命を大切に思う福田が、人口の激増によって逆に喪われる人命に思いを馳せていたことは明白でした。

長い旅行と時差、長時間の激しい議論で疲労困憊の参加者も、富士山、芦ノ湖、そして和食と温泉で存分に癒されて、全員が終始ご機嫌な会議となりました。外国からの賓客が日本での会議をどう受け止めるか心配していた福田も、大いに安堵していました。

その箱根の宿でのこと。食事中にシュミットは、「今回もまた、三〇年代の教訓を語られましたね」と福田に問いかけました。

二人が現職の首相時代のロンドン・サミット（一九七七年）でのこと。一九三〇年代の国際情勢を経験している福田が、サミットに参加した各国首脳の前で、異例の長さで当時の話をしたことがあります。それはシュミットの進言によって実現したのです。

「チャンセラーが『話をせい』と要求するから、大恐慌の時代の世界的な保護主義と通貨切り下げ競争が、いかに第二次大戦に繋がったかを話したら、受けたね。それであれ以来、ときどきその話を披露しているんですよ」

「ロンドン・サミットでのあの教訓談は見事でした。メモ無しに理路整然と持論を語ったタケオに、全員がいたく感動していましたよ」

「ああいう話は日本ではたまにしかしないが、外国人は感心してくれるので、OBサミットでは必ず話すようにしています。間違った政策の連続がどんな惨劇をもたらすか、皆さんによく理解してもらいたいし」

「タケオは、我々が理解できる、数少ない日本人。日本で話さないのはもったいない」

後にシュミットは、「福田は日本の政治家では数少ない国際主義者。自国の利益を超越して、他の民族や利益を認識、尊重し、均衡と平和の維持に心をかけ努力している人物」（ヘルムート・シュミット『シュミット外交回想録』岩波書店、一九八八年）と述べています。これは賞賛というよりも、自らに近い価値観を持っているということへの喜びではなかったかと思います。

## 福田邸

東京での年次総会開催となると、シュミット夫妻を福田邸に招待するという前年のハンブルクでの約束を果たさなければなりません。福田赳夫はシュミット夫妻に皆よりも一日早く東京に来てもらい、紀尾井町にあった「福田家」という瀟洒な料亭に招待しました。

門を入ったとたん、玄関までの小径の美しさに圧倒されたシュミットは、門まで出迎えた福田に、「こんなに趣味良く豪勢な家に住んでいるのですか？　質素な人だと思っていたが」と驚きます。

「これは〝ハウス・オブ・フクダ〟といって私の別邸」とすました顔の福田。もちろん料亭の福田家は、福田とは直接関係ありません。

「家は一軒だけと言っていたのに、貴方もミスター・タナカのように大富豪だったんだ」

「いやいや、家は質素でチャンセラーを案内できるような代物じゃないから、私と同名の料亭を別邸と呼んでいるのです」

案内された大きな和室で、低いお膳を見て「座れない」とシュミット。

「チャンセラーのために床を掘らせたから、足を入れれば良いので椅子と同じ。そこにあるのは背もたれ。お腹をお膳につっかえると後ろにひっくり返るから気を付けて」と説明する福田の顔は、いたずら小僧そのものでした。

次から次に出てくる料理にも「何と美しい」を連発するシュミット夫妻。シュミットが、「ライスを」と注文しました。上品に盛られたごはんがくると、醤油をかけてかきまわしながら、「日本のライスには味がついてないけど、こうすると一番おいしくなる」と嬉しそうに食べていました。それを目にして福田は、「ドイツ人は食べるものも質素で良いな」と、目をさらに細めていました。

ちなみに福田は、朝食などで生卵を出されると、きれいに割って卵をご飯にかけた後、さらにご飯を少量、割った卵の殻に入れて大切に食べていたそうです。

OBサミットの主要メンバーでは、米国の元国防長官で世界銀行総裁だったマクナマラも質素な人で、お昼は一人でサンドウィッチ、飛行機はほとんどエコノミー、そして大きなパーティーにもあまり出席することはありませんでした。類は友を呼ぶ、ということでしょうか。

## 「家庭の主婦だって理解できるのに！」

OBサミットは、二日間の議論と政策提言を事務局が徹夜でまとめて、三日目の午前中にその草案を討論・修正し、最終声明を最終日の午後に記者発表する慣習となっていました。福田は最初から、難しい国際政治・国際経済問題や地球人類問題でも、簡潔にわかりやすい声明を望んでいました。

しかしこの頃の事務局員は、全員が国連スタッフ。国連用語を駆使して、全ての発言を網羅したきわめて長い声明案が提出され続けました。いつも最終声明案を心待ちにしていた福田でしたが、箱根会議では事務局へ差し入れと共に「簡潔に、簡潔に」というメッセージを届けました。

翌朝、福田は草案を手に、「事務局案は愚劣だと思いませんか？　これでは何を言いたいのか誰もわからん」とシュミット議長に苦情を申し入れました。それを受けて声明案を議論するセッションで、シュミットは開口一番、「要点だけを簡潔に抜き出し、家庭の主婦でも理解できる文章にすること」と厳重な警告を何度も繰り返したのです。

東西間の軍事問題で、喧々諤々と議論が続いたとき、「これでは、皆さんが言いたいことが理解できない」とシュミットが皆を黙らせようとします。すると、トルドーが即座に「あの議論、家庭の主婦だって理解できるのに！」と議長をからかいながら、議長一任の方向にもっていきました。

「外国人の会話には、ああいう息の合った信頼関係が重要なんだよな」と福田は感心していました。そしてその直後、「もう国連手法は止め。わかったか！」と事務局に大目玉をくらわせました。以降、主要メンバーの補佐官たちが、「最終声明起草チーム」に加わって奮闘することになります。

# 人類の将来

福田とシュミットが、二人だけで初めて人類の将来を真剣に語り合ったのは、ハワイのマウイ島で一九八六年十一月に開催された執行委員会の折。「ローマ宗・政会議」の前年でした。ローマ会議については後で詳しく触れますが、世界の主要宗教指導者と政治指導者が一堂に会して人類共通の問題を話し合った、史上初めての試みでした。

美しい海際のシュミットの部屋に、福田が訪ねて行きました。ガラスドアの向こう側は、まばゆいほどのエメラルドグリーンの海が、沖に向かって徐々に濃紺に色を変えていきます。そして、潮の香りが室内に豊かに香ります。窓際の赤と黄色のハイビスカスがひときわその海の青さを際立たせていました。飲み物はいつものようにコカ・コーラ。

「いやー、素晴らしい景色！　こういう美しさは将来の人類にも残されるのだろうか」と、福田は語調とは違い、真剣な眼差しでシュミットに問いかけました。

「貴方のいう地球人類問題とは、イデオロギーや宗派の信条を超えた普遍的な問題ですよね。人類に共通した精神的な価値基準がないことが大きな原因ではないですか？」

「そう。そのほとんどが心の問題と深く関連していると思うのです」

「まさに貴方のいう『心と心』か。二十一世紀には、グローバルに通用する解決策が当然求められるべきでしょう。個々の人間が人種、文化、信仰やイデオロギーの相違を克服して、人間性への信頼を持たなければね」とシュミットが言えば、「だから来春の世界主要宗教の指導者たちとの対話を通して、何らかの解決への方向を世界に示せれば、と願っているのです」と応じた福田。

シュミットがさらに、「グローバルな問題に対するグローバルな解決案を探る。何らかの普遍的倫理規範を打ち出せればよいですね」とたたみかけると、「それですよ。さもないと、二十一世紀には大変なことになってしまう」

福田は、我が意を得たりと答えます。

二十一世紀はまだ十五年も先のことでした。この二人が、心の「遠めがね」でどんな先の世を見ていたのか、そのときの私には、しかとはわかっていませんでしたが、いまならそれが「二人はたしかに気候変動がもたらしている今日の世界的危機を見ていたのか」と、確言することができます。

この時マウイからも、米ソ両超大国に対して強固な軍縮への努力を訴える声明が発信されました。

# 第三章 尽力

## 不可能と思われた世界の宗教と政治の対話を実現

1987年　ローマ宗・政会議

## 主要宗教と政治指導者、歴史上初の対話が実現

一九八七年三月のOBサミットは、事務局の自画自賛を一切排除したとしても極めて画期的なものでした。世界の伝統的主要宗教・哲学の指導者たちと政治指導者たちとの、歴史上初めての対話を実現させたのです。それは、地球人類諸問題に関して共に考え、共に解決策を探るためのものでした。

招待されたのはユダヤ教、新旧両キリスト教、イスラム教、ヒンズー教、仏教、儒教、そして環境問題の指導者、無宗教の知識人ら九人。想像していただければおわかりかと思いますが、異なる宗教同士の対話はたやすいものではありません。ましてや複数の異なる宗教の指導者が集まり、さらに、時に対立し凄惨な歴史をも生んできた政治との対話を実現したのです。

政教分離の原則から、そして政教がぶつかりあう歴史を経てきた、特に欧州を中心とする近代国家の政治家の間では、基本的に宗教は議論の対象外でした。地政学的問題における宗教的要因ですら、ほぼ議論が避けられていました。そうした中、福田とシュミットのコンビは一九八七年イタリアのローマにおいて、世界史上初めてのスケールの宗教指導者と政治指導者の対話を実現させたのです。

二人はこのような対話を通じて、政治と宗教が良い意味で一致できる、いわば互いに協力し合いながら問題を解決する可能性を考えてみたかったのです。さらに、現実の国際政治の中に影を

落としていた、一部の宗教で生み出される極端な排他主義と断絶の原因も把握したかった、という側面もありました。いずれにしても最終的には、宗派やイデオロギーを超えた共通の倫理基準、互いに守れる基準を設定する可能性を模索したかったのです。

たとえば、誰にとっても地球環境は大切ですし、人の命も大切なはずです。異なる点で闘うのではなく、共通の倫理を確認し合えば、かならず協力しあえるのではないか。それにはまず、主要な伝統宗教の指導者たちの見解を知ることが必要でした。そこで福田は、「宗教と政治の対話」(宗・政会議)を構想したのです。しかしやはり、大きな抵抗がありました。

構想は前述の一九八六年箱根総会で披露されましたが、西欧民主主義国の方々は、「政治家は政教分離を徹底しなければ」という概念に囚われおりましたし、カトリック教徒やイスラム教徒の方々には、「他の宗教・宗派指導者たちとの宗教的な対話などとんでもない」という雰囲気がありました。また、開催しても混乱を招くのではという危惧もあったと思います。

福田は、懸命に説得しました。

「どの宗教を応援・支持するとか、批難するということでなく、人間の心が生み出した世界的な諸問題と取り組むにあたって、過去三〇〇〇年近く人間の精神面と向き合ってきた主要宗教が、何を考えているかを知るだけでも重要な意味がある」

圧倒的に反対の多い中で、即座に賛成したのがシュミットでした。

「私は長年ルーテル教会には行ってない。しかしその精神性を捨てたわけではなく、むしろ首相現役の頃は国民が所属する他宗派、他宗教の指導者達と積極的に話し会う機会を大切にしてきた。最初は、諸問題を理解するためというより、国民を理解するためだった。そのうち首脳としての重圧の中で彼等から精神的な安寧を求めるようになった。学ぶことは多かった。この対話開催反対の皆さんは、ご自分が属している宗派以外の教えを御存知か？」と発言しました。

福田、シュミットという、いわばOBサミットの主柱である二人が揃って主張しても、なお議論は続きましたが、最終的には「各宗教の教義そのものでなく、平和・開発・人口・環境の相互関連問題についてそれぞれの教義や信条を語ってもらいたい」という二人の意見が採択されました。開催は決定したものの、おそらく無神論ゆえの抵抗だったと思いますが、OBサミット事務局の主要メンバーだった国連からの事務局員は参加者の確認や招請に遅々として動きませんでした。シュミットが旧知の宗教指導者たちに紹介・推薦をもらい、ようやくメンバーが集まりだしたほどです。

## 一瞬で疑念を払拭した言葉

難しい舵取りが予想された一九八七年三月開催の「ローマ宗・政会議」の議長は、福田赳夫が務めました。既述のように世界の宗教指導者七名（新旧キリスト教、イスラム教、ユダヤ教、ヒンズー教、仏教と儒教指導者）に加えて、国際的な環境学者（レスター・ブラウン）も招請しました。さらに「無神論者でも、人間としての道徳観、倫理観は備えている」という確信から、OBサミットメンバーで共産国家ハンガリーの元首相、イェノ・フォックも出席。

みなさんは、ちょっと疑問に思うかもしれません。「宗教って、強弱はあってもお互いに譲り合わないいんじゃないか」と。

構想段階で反対を表明していた当時のOBサミットのメンバーはもちろんですが、私たち事務方ですらハラハラしていました。参加した宗教指導者たちもそれを感じていたかもしれません。

福田も当然、宗教観の違いからくる軋轢を考えていたと思います。しかし福田は会議冒頭、そうした疑念を一瞬で払ってしまいました。彼はこう切り出したのです。

「まず、それぞれの参加者の『心』が一番大切にしていることを話して欲しい」

福田の言葉のあと、針を落としても聞こえそうな静寂のなかで、一人ひとりが静かに発言していきました。

自分の心が、一番大切にしているもの――。それは命であったり、人々の幸せであったり、その結果としての平和であったり。つまり、誰もが思う大切なもの、「普遍的倫理」を発言させていくことに成功するのです。皆が共通の大切なものを認識し合い、それを世界に発信していく。

これで流れが決まりました。そして会議では、「人類にはいかなる将来が残されるのだろうか？」が語られました。

宗教者・政治家両者は、「個々の人間が、人種・文化・信仰やイデオロギーの相違を超越した、〈人間性への信頼〉を持つべきなのだ」、という信念を共有していることが改めて認識されます。人類に共通した精神的価値基準（誰もが感じる「大切にしたいもの」）が表面化せず欠如していることで、〈人間性への信頼〉を持つことが困難になっている、と、両者とも痛感していたのです。

とりわけ、地球人類問題の多くが「心」の問題と深く関連していると思っていた福田は、世界の伝統的な主要宗教指導者たちとの対話を通して、なんらかの解決策を世界に提示できれば、と真剣に模索していました。そこには、彼にとって大事な人口問題解決のための「家族計画」（いわゆる避妊など）に反対する主要宗教団体の存在もありました。

最終的にこのローマ会議では、「真の平和は、対話と受容力のある理解が、全ての領域と分野にたえず浸透していく過程を通してのみ達成されること。債務や貧困問題の改善には、困難を分かち合うという道徳的基本の遵守が必然であること」などが合意されました。

## 予想外の成功

ローマ宗・政会議の議論は極めて静寂な雰囲気の中で進み、喧しく言い争う政治家の会合が当たり前と思っていたOBサミットのメンバーたちを珍しく静かにさせました。

とりわけ別人のように見えたのは、いつもは饒舌なシュミットでした。発言もせず、黙々とひたすらノートをとり続けていたのです。彼の前の灰皿はタバコの吸い殻の山でした。

最初のコーヒーブレイクの際、福田はシュミットに声をかけました。皆が自分の心にとって何が一番大切かを告白したセッションの直後です。

「珍しく寡黙でしたね、チャンセラー」

「メモ取りだけで精一杯でしたよ。こんなにメモを取りたくなったなんて、何十年ぶりだろう。大学の講義以来だ」

「それは良かった。で、何を学んだのですか？」

「そりゃあ沢山。でも一番大事なのは、人間には誰にでも、形もサイズも見えない本質である魂があるということ。そして宗教的な良心とはかかわりなく、人には道徳的良心があるということかな」と少年のように語ったシュミット。

議長であった福田はあとで関心しながら、「やっぱりシュミットは凄いお人だな。それにしても彼があんなに謙虚になれるなんて、良い会議の証拠だ」とシュミットの人柄にさらに信頼感を寄せつつ、会議の成功を確信していました。

いずれにしてもこの宗・政会議は成功し、福田が深い関心を抱きながら宗教側には反対の意見も多くあった家族計画についてですら、「家族計画政策と手段に対する各宗派のアプローチの違いを認識しながらも、指導者達は、現在の動向から見て効果的な家族計画の追及を避けられない」という文書に全参加者が合意するという、当初の期待以上の成果がありました。つまり受胎調節など、宗教によってはかなり難しい問題でも、全員の賛成を得ることができたのです。

福田はシュミットと二人で大いに驚き、かつ喜びました。二人ともこうした対話の継続を望み、特にシュミットは現役の指導者たちにも同様の試みを推薦していきました。

## 道徳的権威へ

その後冷戦が終結し国際社会は平和に向かうのかと思われましたが、残念ながら、中国での天安門事件、東欧革命、ソ連邦解体など様々な要因によって極端に混乱した時期を迎えます。そのため、OBサミットも緊急の国際問題に取り組まざるをえませんでした。しかし福田を含む執行部は、こうした宗教指導者と政治指導者との対話の継続を放棄しませんでした。「宗・政の対話」とは、相対的に平和な時代の贅沢な哲学的思考ではなく、いかなる時代においても置き去りにできない、人間の根源を明らかにする対話だったからです。それが後に述べる「人間の責任に関する世界宣言」へと繋がっていきます。

さらに後のことになりますが、身体の衰えを自覚した福田赳夫は「普遍的倫理基準を何とかわかりやすく表現して欲しい」とシュミットに頼みます。それを福田の「遺言」と受け止めたシュミットは一九九六年と九七年に宗・政会議を再開し、世界の主要宗教に共通する倫理規範の成文化を指導していきます。

二〇〇一年に発生した9・11事件（米国同時多発テロ）の惨事は、「文明の衝突が現実に起こっているのか」と思わせる衝撃を世界中に与えました。その衝撃もあって二十一世紀に入ってからは、以前よりも多くの政治指導者・神学者たちが主要宗教間の倫理的共通項を思考し始めました。同様の宗・政会議や学会が世界中で多く開催されていくようになり、宣言も多々出されましたが、これらは福田とシュミットが最初に提案したローマ会議から十数年という月日を経ていました。恐らく福田やシュミットは「皆が気づいてくれてよかった」と思っているかもしれません。いずれにしてもOBサミットは、福田やシュミットたちの努力によって、本人たちの認識はともかく、世界的に「道徳的権威」と見られるようになっていきました。

## 南アフリカのアパルトヘイト廃止

OBサミットが一九八〇年代を通して強く訴え続け、その実現に大きく貢献したもう一つの功績は、南アフリカ連邦におけるアパルトヘイト（法的人種差別問題）の廃止でした。これに関しては、アフリカ各国の元首脳たちや英連邦諸国出身の元首脳たちが特に熱心に動きました。この要求は、十年間繰り返し最終声明に盛り込まれました。

とりわけ、一九八七年五月開催のクアラルンプール総会では、この問題に多くの時間を割き、南ア連邦への制裁やネルソン・マンデラの釈放を国際社会に強く求めました。その後アパルトヘイトは一九九四年にようやく廃止され、二十七年もの長きにわたり投獄生活を送ったネルソン・マンデラは新生南アフリカ共和国の初の黒人大統領に選ばれることになったのです。ちなみに、マンデラ大統領は引退後、「高齢のため会議は欠席」を条件としてOBサミットのメンバーとなりました。

「あの口うるさい年寄りたちの要求は強力な援護だった」と、マンデラは後にナイジェリアのオバサンジョ大統領に、そう感謝していたそうです。「口うるさい年寄りたち」とはもちろん、OBサミットのメンバーたちのことです。

## 二酸化炭素排出量に目標値設定をはじめて勧告

前述のようにOBサミットは、人口問題と関連して環境と生態系問題を設立総会で優先事項の一つに選び、毎年警告を発してきました。このテーマについても、自然と、そしてその恩恵を心から大切にしてきた福田赳夫とヘルムート・シュミットの影響が大でした。

米ソ冷戦時代に、世界の政治家グループはまだ環境や生態系の問題と真剣に取り組んではいませんでした。OBサミットが気候問題を優先事項として取り上げたのは、気候変動に関する政府間パネル（IPCC）が設立される五年も前でした。そして一九八六年以降は、毎年強い警告を発し続けました。

一九八六年の東京・箱根総会では、環境教育の重要性を訴えました。また、一九八七年のクアラルンプール総会では「切迫した気象の変化を緩和するため、太陽熱や水素等の代替エネルギーの開発およびそれらに関連する輸送システムと技術の研究開発を促進しなければならない。オゾン層の破壊状況をさらに調査し、生物の退化現象を阻止し、生物圏に対する脅威に立ち向かっていかなければならない」と明確に宣言しました。

この宣言は、本書執筆時点の二〇二三年から三十六年も前に出されたものです。ＯＢサミットの先見性を感じていただけると思いますが、同時に、三十六年経ってようやく普通に受け入れられるようになったことに、複雑な思いもいたします。そして、この提言が完全に実施されていくことを願ってやみません。

さて。総会のあったクアラルンプールのホテル・ロビーには、グランドピアノが置いてありました。チーク材を豊富に使った東南アジア風のロビーでしたので、西欧の楽器はひどく目立っていましたが、不自然な印象ではなく、むしろ異文化の融合のように感じられました。

ある日の昼食後、シュミットがピアノの前に座ると、福田が笑顔で歩み寄り、「ベートーベンの第九、合唱の部分を」と注文しました。

「高校時代に初めて聞いた西洋のクラシック音楽だから。第一次大戦中のドイツ人捕虜たちが日本に紹介してくれたんですよ。日本では大人気の曲で、毎年年末には必ず演奏されていますよ」

「無理、無理。楽譜なしであんな難しい曲」というシュミットは、第九の最後の合唱部分をピアノではなく歌い出します。

「ほう、チャンセラーは歌手にもなれるね。じゃあ『ローレライ』は弾ける？」

「『ローレライ』を御存知なのですか？　お手の物ですよ」と言って、このドイツ歌曲を弾きながらこれまた歌い出しました。福田も「なじかはしーらねど・……」と日本語の歌詞を口ずさみます。瞬く間にロビーは他の参加者たちも集まり、拍手喝さい。「皆、私の歌を褒めてくれたんだよ」と音痴（？）との噂もあった福田赳夫は上機嫌でした。

クアラルンプール総会では、会議の運営手法について議長であったシュミットと事務局長のモースが反目し、モースはOBサミットを去ることになります。

また、国連出身の事務局員たちは、最終宣言案に「ローマ宣言（宗・政会議）」の評価も盛らず人口や環境問題には数行しか触れない一方、アフリカ問題には過剰な分量を割くようなものを作成し、福田がその冗長な宣言案に反対したものの、「時間切れ」で不本意な宣言を出すことになってしまいました。

しかしシュミット議長は序文に福田の哲学を載せることを命令し、そこだけはなんとか実現することができました。

「国家、国際レベルで、政治・科学・宗教・文化の各界指導者が共通の倫理観に基づいて有効かつ適切な対応を取らない限り、未来への見通しは暗い」

そして、人類の脅威（戦争や人口や環境などの諸課題）の解決策について協議を継続していく、

「ベートーベンの第九？楽譜なし
じゃムリムリ！」とシュミット

首相引退後は必ず毎日ピアノ
を弾いていたシュミット
「私にとってはそれが瞑想」

という宣言になりました。

## 京都議定書につながる勧告

一九八八年には世界の森林伐採の問題を検証する専門家会議を開催し、同年のモスクワ総会では、「無差別な森林伐採とそれが環境と気候に及ぼす影響は、二十一世紀における主要問題の一つとなる。増大の一途を辿る大量の炭化水素の燃焼と地球の森林破壊の相乗作用が、〝温室効果〟と呼ばれる気象の変化をもたらしていることは、すでに科学的に確認された事実である。各国政府は、化石燃料や原子力燃料を含むすべてのエネルギー供給源に対してリスク評価を行ない、化石燃料の使用増大は望ましいことではないと認識すべきである」という宣言になりました。

さらに「原子力発電所の現在の操作安全度を査定し、原子力廃棄物の現状を審査する視点から、国連事務総長がこの問題を次期総会の議題に取りあげること」を要請します。

一九八九年にも「環境とエネルギー問題に関する専門家会議」を招請し、同年のワシントン総会で、「すべての国の首脳たちは、無分別なエネルギー使用が将来にもたらす計り知れない危険と個人的に取り組み、必要な政策調整を打ち出すべきである。先進諸国、ソ連、中国の指導者たちは早急に国際会議を開き、大気中の成分の安定化を目的とした国際協定を早急に採択すると共に有効な組織的イニシアチブを確立するよう」と要請するのです。

「無分別なエネルギー使用が将来にもたらす計り知れない危険」——無分別という厳しい言葉を使い、加えてこの危険に各国指導者が「個人的に取り組み」という文言を入れました。誰かがやるのではなく、為政者が責任を持ってこの危機にあたれという、まさに首脳ＯＢだからこそ言える提言でした。

そして一九九〇年のソウル総会では、五年連続でこの問題に特別な焦点をあててきた集大成として、温室効果の危険を警告し、地球の生態系問題に関する国際会議の開催を再び呼びかけたのです。特筆に値する点は、ＯＢサミットが、「二酸化炭素の排出量に目標値を設定すべきである」という勧告を真剣に行なった最初の政治家グループだったということです。

そして、これら五年間の執拗な警告と勧告が、一九九二年のリオ・地球サミット開催（これに関する福田赳夫の喜びはひとしおでした）、その後の京都議定書に大きく繋がったと評価されています。

ちなみに福田は一九七二年、自民党総裁選の立候補宣言の中で、「われわれは、ここに公害除去と環境浄化のため、毎年国及び民間投資を含め、ＧＤＰの一定率を投じて、三年間で日本列島の大掃除を行なうことを提言する。みどりを愛する民族は滅びない」と語っています。

みどりを愛する民族は滅びない——こんなに力強い、真正面から環境問題解決の根幹を示した政治家の言葉を、私は他に知りません。モノより心を重視した福田は国民に、自然の美しさを取り戻し、生き物を大切にしてもらうことを切望したのです。今日、コロナ禍と地球温暖化によって世界中で発生している自然破壊。これらに苦しむ人々の心を打つ言葉ではないでしょうか。

## さらなる核軍縮への働きかけ

環境問題が新しいテーマなら、核軍縮は戦後一貫して続いた問題で、ＯＢサミットが設立以来訴え続けたテーマでした。とりわけ唯一の被爆国である日本で行なわれた一九八六年の東京・箱根総会、両核超大国で開催された八八年モスクワ総会と八九年ワシントン総会では、核軍縮が中心課題となっています。

この問題に関して、残念ながら、核保有諸国は誰の意見であろうと聞く耳は持ちません。それでも、両超大国が何も努力をしなかったわけではありませんでした。米ソは一九八七年、地上配備の中距離核を全廃する中距離核戦力全廃条約（ＩＮＦ条約）に署名し、一九九一年には、第一次戦略兵器削減条約に合意しました。その後のソ連崩壊により、戦略核兵器が配備されていたベラルーシ、カザフスタン、ウクライナ領域内の全ての核兵器はロシアに移管されました。この問題が三十年以上のちにウクライナ戦争で再浮上していることは大変残念なことです。

一九九二年には、新生ロシアと米国が第二次戦略兵器削減条約に合意しました。これらの条約が成立した結果、米露の戦略核戦力は大幅に減少しました。ＯＢサミットの執行部もこうした進展を大いに喜びましたが、さらなる核軍縮を要求し続けました。

核兵器削減の動きは、九〇年代初期に見られた「平和の配当」、つまり軍事費が民生用にまわることへの期待を高めた一因だったともいえましょう。残念ながらそのような期待は幻に終わってしまいましたが。

それにしても、モスクワ総会とワシントン総会は、歴史の転換点に開催されたという意味で重要なものとなりました。

ＯＢサミット主要メンバーの一人、ロバート・マクナマラ（米ケネディ政権で国防長官、その後世界銀行総裁）は、「（第二次戦略核兵器削減条約が履行されたとして）一万二〇〇〇発の核の爆弾を落とし合った世界と、四万発の核爆弾を落とし合った世界とに違いがあろうとはとうてい考えられない」「核兵器は、非道徳的、不法であり、軍事的にも不要。事故や不慮の発射もありえ、極めて、極めて危険」と繰り返し発言しました。

この認識は、メンバーの多くが持っていました。核軍縮はこの後も、メンバーが病没などで欠けていっても、なお強い信念としてＯＢサミットの骨格を成していくのです。

残念ながら二〇二三年二月に、露国はウクライナ侵略を続ける中で、米国との新戦略兵器削減条約（新ＳＴＡＲＴ）の履行停止を表明しました。また冷戦後撤退した、ベラルーシへの戦略核兵器の再配備も話題にあがってます。

# 第四章 地球

「国家主権」を
地球的視点から再定義する

1988年　モスクワ総会

## ソ連の限界

一九八八年五月のソ連経済は、およそ十年続いたソ連のアフガン侵略と西側との軍拡競争で困窮しきっていました。そんなさなか、シュミットの要請に応じた旧知のグロムイコ外相が、ＯＢサミット総会をホストすることに同意したのです。この総会は注目度が高く、日本のマスコミの同行者もいつになく多かったのを記憶しています。

当時のソ連の指導者はミハイル・ゴルバチョフ。民衆からは当初、その開明的な政策に支持が集まりましたが、この頃には経済失策が明らかになっており、困窮の原因としてゴルバチョフは批判を受け始めていました。

さて。そんな一九八八年のモスクワでの総会。ＯＢサミットの会議参加者には、ソ連でも名高い迎賓館が宿舎として用意されていました。各部屋は非常に広く、見上げるほど高い天井が共産主義国の〝偉大なる建物〟を誇っているかのようでした。

しかしバスルームに置いてあった石鹸は親指ほどのサイズ。トイレットペーパーも小さな灰色の紙きれ。蛇口をひねると赤茶けた水。最高級の迎賓館ですらそんな状態です。モスクワの町では消費物資はほぼ皆無。商品のない商店の前に、市民が長蛇の列をなしていました。

それでもクレムリンの歓迎レセプションは、別世界でした。内装は、帝政時代の絢爛豪華な様子そのものでした。豪壮な玄関、厚い絨毯を敷き詰め、贅を極めた広い階段や大部屋のまばゆいシャンデリア。市民が食糧確保に奔走していた最中、テーブルにはキャビアが山積みで、シャンパンとウォッカ、ブランデーは飲み放題。食料にも事欠きアルコールを禁止された国民と権力者たちとの格差は、信じられませんでした。

レセプションの前に、福田とシュミットだけがグロムイコ外務大臣との会談のため、クレムリンの執務室に呼ばれました。同行は補佐と通訳各ひとりという条件に、福田は特別ゲストとして参加していた中山太郎（当時衆議院議員）を「補佐」として同行させました。

福田は地球人類的視野の話をしようとするのですが、頑迷なグロムイコは「北方領土問題は歴史が解決している」と、福田に多くを語らせようとしません。福田は、この三十年以上外相をやっているグロムイコの限界を「ソ連の限界」と感じ取ったようです。

そのあと、宿舎に戻った福田はシュミットと二人で話をしたいと、通訳の小部屋に入りました。福田たちの部屋ではソ連当局に盗聴されてしまうからでした。

「あれが共産主義？」

豪華なレセプションに呆れていた福田がシュミットに語りかけます。

「途方もないお金と細心の注意をもって、彼らはクレムリンを昔どおりに復元したのですよ。フランスのエリゼ宮殿も米国のホワイトハウスも比べ物にならない。ここの指導者にとって、大国意識と社会主義は相反するものではないのです」

福田が、「それでゴルバチョフの改革はうまく行くと思いますか？『一九九〇年までには最終的な形にする』と言っているらしいが」と問いかけると、「改革の中身がいまだはっきりしませんが、これまでの習慣とイデオロギーに反することは確か。だから労働規律の強化とアルコールの引き締め以上、何も踏み出せないのでしょう」と真剣な顔でシュミットが答えます。

「『九一年から経済が飛躍的に伸びる』というのは?」

答えがわかっていながら福田が心配そうに聞き返します。

「幻想に終わるでしょう」

「やはりね」

経済的展望では同様の印象を持った二人でしたが、その三年後には、七十一年間続いたソ連邦が崩壊します。二人はこの時点で、すでにソ連崩壊を感じ取っていたようでした。

しかしソ連の現状とは別に、OBサミットにおけるモスクワ総会は実り多いものになりました。

## 「自国利益よりも世界利益」でソ連参加者を驚かす

モスクワ総会最終宣言には、

・地球人類問題が戦略的な性格を帯び、国境を超えた措置を必要としている

・二十一世紀を迎えるにあたり、一九九〇年代を多国間主義と国際問題解決の十年間としなければならない

と、地球人類問題に焦点が当てられた成果を強調できる内容となりました。この「二十一世紀を考える」というスタンスは、最終宣言に従来とは違う、長期的で広い視野を与えることになります。

議長であるシュミットは、「各国指導者たちは、市場の硬直性をなくすために必要な行動をとる決意があるか」「その過程で既得権者たちの抵抗に遭うが、人類の長期的利益のために勇気ある指導性が欠かせない」「社会と経済の間で、公正さと効率との狭間で、新たな均衡を模索する用意はあるか」と語っています。

そして「保護主義、とりわけ先進諸国の農業政策への批判」を指摘しますが、これはシュミットの祖国であるドイツを指していることは明らかでした。シュミットが「全人類の未来のために必要であるならば自国の批判も辞さない」という態度を表明したのです。このことは、参加者、特にソ連の関係者たちを驚かせました。

また、「国際収支政策にはある種の基準があるべきで、過度な黒字国は発展途上国に資金を還流させるべき」という指摘も。これは、当時バブル経済に踊っていた日本が対象であり、福田がシュミット同様、自国の利益よりもより良い世界のあり方を優先する姿勢の表れでした。

なお、ゴルバチョフと福田たちとの会見は、ゴルバチョフが米ソ首脳会談を目前に控えていたこともあり、実現しませんでした。

## 舌平目とフィッシュ・アンド・チップス

一九八八年秋の執行委員会は、ロンドンで開催されました。福田は、翌年のワシントン年次総会のテーマに「生態系」と「エネルギー問題」を採り上げることを執行委員会で決めたかったようです。その夏のモスクワ総会でかなり言及されていたからです。

ロンドンは福田にとって懐かしい都市でした。前述のとおり、大蔵省入省後ロンドンに赴任した経験があり、在英日本大使館の財務官付として青年時代を過ごしました。その後英国へ何回か訪問しましたが、公務のため自由時間はほとんどなかったようです。

「今回はセンチメンタル・ジャーニー。ロンドンはあまり変わらない都市なので、昔の下宿を訪ねたり、ドーバーの舌平目をもう一度味わいたい」とOBサミットの仲間たちに嬉しそうに話していました。ところが、闘病中だった昭和天皇の容態が悪化し、わずか四〇時間のロンドン滞在で帰国の途についたのです。

「下宿訪問を諦めるのは仕方ないとしても、舌平目は何とかなるのでは」と盟友たちが相談。それでも食事の時間はとれません。

「飛行機内に持ち込める英国の食べ物を」といってシュミットが調達したのが、フィッシュ・アンド・チップスでした。ロンドンではどこの街角にもある大衆向けの魚とポテトのフライです。

「舌平目料理は調達不可能。代わりにこれを。ここはドイツと同じく食事がそんなにうまくないので、まあこれが一番おいしい方かな。食べたことありますか？」と別れ際に福田に手渡しました。シュミットは、まるで中学生の友だちと別れる時に、ユニークな贈り物をして得意気にしている少年のような面差しでした。

「イヤー、ありがたい。知らないな、これ」

福田は、英国の大衆食の入った紙袋を大事そうに抱えて車に乗り込み、空港に向かいました。翌日、福田抜きの執行委員会は、そのエピソードを聞いて大爆笑。シュミットと福田のほほえましい関係を端的に示し、いまでも語り継がれるエピソードとなったのです。

そしてもちろん、福田が希望したテーマである「生態系」と「エネルギー問題」は、翌年の総会アジェンダに決定されました。

## 激動の一九八九年

翌一九八九年は世界史の大きな節目となった年でした。

バブル経済に踊った日本では、一月に昭和天皇が崩御され、竹下登、宇野宗佑、海部俊樹と短期間で三人も首相が入れ替わります。世界では、一月の父ブッシュ（ジョージ・H・W・ブッシュ）の米国大統領就任、二月にはソ連軍のアフガニスタン撤退、六月の中国・天安門事件（民主化弾圧）、秋にはベルリンの壁崩壊と続きました。

米国ワシントンでの第七回年次総会は、五月下旬に開催されました。

この時点で、年内に東西冷戦構造が音を立てて崩れて行くとは誰も予想していません。しかし、福田には何か感じる所があったのでしょうか。政府要人やプレスも招待した開会式の演説で開口一番、「冷戦の幕は降りつつある。〝共存と協力の時代へ〟の準備を確かにしなければならない」と、冷戦終結を予想し、その演説を、「私たちは、一つの世界に入りつつある。全ての国の主権と文化的多様性を尊重しつつ、連帯を深めましょう」と結びました。

夕食前のレセプションで、福田はG7時代の仲間や米国政権の高官に囲まれます。そして質問ぜめに。欧米指導者たちの質問の主旨は、「あの楽観的発言〈冷戦終結〉は、何を根拠に？」でした。

「米ソのデタント復活と核兵器削減への両超大国の動きですよ」と福田。それを受けて、シュミットが続きました。

「ソ連は、GNPの二〇％近い軍事費を削減しなければ経済改革も進められないが、西側も同様の軍事費削減の姿勢を見せない限り、ゴルバチョフは対内的に動けません。そういう動きさえ出てくれば、確かに〝軍縮への窓〟は開くかもしれませんが」

福田は、「だからこそ、〝共存と協力の時代を〟と呼びかけたのです」と、〈みなさん、わかっているでしょう？〉という表情でした。

その日、福田は超多忙でした。前日に竹下首相が退陣を表明し、東京では後任の総理総裁として福田の名前も挙がっていたのです。内外のメディアが彼を放っておくわけがありません。

　その日の夕食時、シュミットが帰国を促しました。

「早く帰って、自民党総裁を引き受けてください」

「いーや」

「なぜ？」

「アイ・アム・ツー・ヤング（私は若すぎる）」と英語で八十四歳の福田がジョークを飛ばします。

「ドイツ史上最高の名宰相、アデナウアー（初代西独首相コンラート・アデナウアー）だって八十七歳まで首相を務めていたのを覚えているでしょう？　スキャンダルまみれの自民党を救えるのは貴方しかいない。また、あのバブル経済をうまく収束できるのも貴方をおいて他にいない。日本を救うのです。それが貴方の責任」

　様々な事情に加え、シュミットの言葉もあり、翌日福田は「あとを宜しく」とワシントンの年次総会をシュミットに任せ、帰国の途につきました。しかし、自民党は宇野宗佑を選びました。僅か二カ月で辞任した宇野にもその後継者の海部俊樹にも、バブル経済を収拾することなどできませんでした。翌年、巨大バブルが崩壊し、日本は失われた二十年（もはや三十年）へと凋落し始めたのです。

　同年秋、ベルリンの壁が崩壊しました。ほとんどの世界の政治家が見通せなかった、近い将来の冷戦の終結を予測し、経済、財政、金融政策の手腕では右に出る者がいなかった福田が、もしこのとき日本国の舵を取っていたならば、その後の日本の社会経済の針路は大きく変わっていたはずだ、と私は未だに無念に思うのです。

ワシントン総会では、エネルギーと環境問題が大きく取り扱われましたが、福田がクローズド・セッションに出られなかったこともあって、あまり重要な政策提言はみられませんでした。

## 盗難事件――パリ執行委員会

一九八九年の執行委員会は、落ち葉舞う十一月のパリで開催されました。翌年のテーマを決定する会合で、出席も福田とシュミット、そしてマリア・デ・ルルデス・ピンタシルゴ（ポルトガル初の女性首相）、ミゲル・デ・ラ・マドリ・ウルタード（メキシコ元大統領）四人と事務局だけでした。

決定したのは、翌年総会に「生態系と世界経済」と「国際的相互依存と国家主権」を議題とすることでした。前者はワシントン総会での環境問題に関する議論が中途半端に終わったので、「世界経済への影響」という側面から引き続き検討することになりました。後者は崩れ行くソ連邦がどのような影響を世界にもたらすのかを読み取る、という主旨でした。

このあたりから、ＯＢサミットに対する世界での認識がかなり広がっていて、「二つのテーマに関する専門家会議のどちらかに参加したい」、というメンバーが大勢いたことに驚きました。

そんな嬉しい驚きを生んだパリ執行委員会でしたが、会議の当日、福田の次男、横手征夫秘書のブリーフケースが盗まれてしまったのです。福田夫妻と横手秘書の旅券、航空券、書類、現金等が入っていました。

当然、横手秘書がドアをロックし鍵は持ち歩いていたので、内部犯行の疑いが濃厚でした。駐仏大使館も事務局も顔面蒼白で、ホテル側に内部捜索を求め、翌日になってゴミ捨て場でブリーフケースが見つかったと報告されました。入っていたのは航空券のみ。元首相とはいえ、旅券の再発行は簡単ではありません。面倒な手続きに追われて滞在は時間切れ。楽しみにしていた何十年振りかの「枯葉」のパリ観光もできずに終わってしまいました。

福田は終始、平静を装っていましたが、決して気持ち良いものではありません。夕食の折、「あのパスポートだがね。写真は張り替えるとしても、使える人っているんですかね？」とシュミットに尋ねます。

「ああいう連中は、何だってやりますよ。でもどうして？」といつものように、たばこをくゆらせるシュミット。福田は苦笑いしながら、「年齢！」と、わざと大きな声で言いました。老齢の自分に化けるやつがいるのか、というのです。シュミットは福田の気持ちを明るくさせようとします。

「いつもあなたは、『私は三十八歳』と言ってるじゃないですか」

福田は「自分は明治三十八歳だ！」と豪語（？）していたのです。

「そう、明治三十八年生まれ。それは一九〇五年。誰がそんな年寄りを演じてまで旅したいのかな？」

「とするとタケオはいま八十四歳？　全くそうは見えない。やっぱり三十八歳で通してください」

「チャンセラーもうまいね。そうしよう。でも、〝明治〟三十八歳だがね」

盟友に慰められたせいか、福田にいつもの笑顔が戻りました。

## ノーベル平和賞の最終候補者として

一九八九年のノーベル平和賞がアジア地域から選ばれる、と憶測されるようになったのは、その年の初め頃でした。ＯＢサミットの福田赳夫ファンたちが黙ってはいません。シュミットの提案で、事務局は隠密裏に動きだしました。

ＯＢサミットの関係者の中で働きかけてもらう最適な人物は、ノルウェーの著名な開発経済学者のユスト・ファーランド博士でした。一九八四年、カナダ・オタワで開催された「最貧困諸国への援助増大」に関する専門家会議を主導してくれた学者で、世界銀行や国連でも東南アジアの開発に従事したことがあります。

ファーランド博士は、「〈福田ドクトリン〉だけでも受賞に値し、ＯＢサミットでの功績も極めて重要」と、イニシアチブを執ってくれました。

福田ドクトリンとは、福田が首相時代の一九七七年フィリピンのマニラで発表した、日本の東南アジア外交における基本原則です。その骨子は、

①日本は平和に徹し、軍事大国にはならない
②アセアン諸国との間に「特別な関係を」を認め、同じアジア人として「心と心の触れ合い」を大切にし、対等の立場で協力
③日本は、アセアン諸国の連帯と自主努力に対し、積極的に協力し、インドシナ諸国との相互理解に基づく関係を諮り、東南アジア全域にわたる平和と繁栄の構築に寄与する

という三点でした。

「心と心の触れ合い」――外交文書としてはあまり使われないこの言葉はしかし、当時、経済進出による摩擦で反日運動まで起こっていた東南アジアの人々の心に、確実に届きました。

「獄中で福田ドクトリンを読んで目覚めた。日本を包括的に見られなかった自分たちの過ちを諭してくれた」

そう私に語ってくれたのは、私の大学時代の友人であり、のちにインドネシア経済担当調整大臣（メガワティ政権）にもなったドロジャトン・クンチョロジャクティ氏です。彼は大学助教授だった一九七四年、田中角栄（当時首相）のインドネシア訪問時、反日暴動を扇動した一人として当時のスハルト政権下で逮捕・拘禁されました。

インドネシアでは、スハルト大統領やその側近に近い企業が日本企業などと癒着して私腹を肥

やしているとされ、それで田中の訪問時に火がついたわけです。金権体質もあってか、インドネシア国民にとっては不正を疑うパーソナリティを田中は持っていたようです。

インドネシア政府は暴動を厳しく取り締まり、その中でドロジャトン・クンチョロジャクティ氏は数年にわたって獄中生活を送ることになります。「日本憎し」という思いでいた獄中生活のさなか、彼は一九七七年八月にフィリピンのマニラで発せられた福田ドクトリンを入手します。

同じ日本の政権担当者でありながら、田中と違い福田の考えはなんと謙虚で合理的なのか。アジアの人々のことをそこまで平等に考えてくれていたのか。そして、平和的な未来志向をここまで簡潔に明確に示すことができるとは……。反日運動家の心すら揺り動かした福田ドクトリンに対する世界からの評価は、多言を要さないと思います。

福田ドクトリンは、アセアンの多くの知識階級に感動を与えたのみならず、簡潔にわかりやすい表現と相まって、広くアジアの人々にも普及していくことになります。ちなみに、東京・豊島区にあるアジア文化会館には、このドクトリンを記念する美しい石碑が建立されています。

## ダライ・ラマ十四世への賛辞

二月には、OBサミットの全メンバーが署名した推薦状と推薦の理由が、ノーベル平和賞委員会に送られました。あとで判明したのですが、当時ノーベル平和賞のアジア地域顧問を務めていた京都大学の矢野暢教授も、別途推薦状を提出してくれていました。

そうした動きを福田が知ったのは、春の第一次審査は無理なく通ったという情報が入ってからでした。「私が？」と驚いていましたが、「誰にも言わないように」と箝口令がしかれました。それでも、秋に入って最後の五人に残ったこと、一番の競合候補がダライ・ラマ十四世であることを知ると、いくら福田でもさすがに気になるようでした。

結局、その年のノーベル平和賞は、ダライ・ラマ十四世に決まりました。

残念がる支持者たちに福田は、「ダライ・ラマは、チベットを追われ、インドに政治亡命するという惨憺たる苦労をしたのだし、本当に良かった。彼は、これから仏の教えを世界的に広めて、苦しむ人たちを助けていくだろう」と言っていました。

その時、実に残念な思いをした私たちは、福田の寛大な態度について理解に苦しみました。しかし彼の予言通り、ダライ・ラマ十四世の努力でその後欧米では、仏教支持者が急増しています。とりわけ知識層、科学者が多いのが特徴です。「仏の教えを世界的に広めて、苦しむ人たちを助けていくだろう」という福田の言葉は、予測というよりも福田の心からの願いだったと、いまでは理解しています。

# 国家主権という概念を地球的視点から再定義する時がきた

一九九〇年の春。前年秋の「ベルリンの壁崩壊」によって、ドイツ再統一は時間の問題と見られ、世界が劇変するという予想が強まっていました。福田とシュミットは、「次回ソウル総会では、新しい国際関係の相互依存性を検討すべきだ」と提案し、専門家会議でそのテーマを研究することが決まりました。テーマの重要性を認識したメンバーたちの参加希望が殺到しました。

Ｇ７サミット時代からの旧友、英国のジェームス・キャラハンとカナダのピエール・トルドーに、四人の元首脳（ポルトガルのマリア・ピンタシルゴ元首相、スイスのクルト・フウグラー元大統領、ナイジェリアのオルシェグン・オバサンジョ元国家元首、それに韓国の申《シン》鉉碻《ヒョナク》元国務総理）がさらに加わり、八人の元首脳が集合しました。通常は専門家会議に出席する元首脳は二名。錚々たるメンバーです。「これなら専門家も要らんな」と福田は言っていました。

この年の三月。場所はポルトガル大統領の招待でリスボンに決まりました。

当時のリスボンを正直に表現すれば、欧州経済の発展から立ち遅れたポルトガルをそのまま反映しているかのように、うらぶれた印象の町でした。しかしそのことが逆に、積み重ねられた歴史を感じさせるのです。昔の面影を残した古い石畳の道路、黄色い壁がはがれた建物の窓につるされた洗濯物、朽ちかけた教会など、言うに言われない風情がありました。重ねられていく人間の営み。苦悩の時もあったであろう歴史を思うとき、まさに互いが協力し合う世界を目指さなければならないという気持ちにさせてくれるのです。

福田は会議の冒頭、「人類生存のために、私たちは国境と国益を超越しなければならない。国家主権という概念を地球的視点から再定義する時がきたのです」と、会議アジェンダの主旨を説明。それを受けて、「国際的相互依存の時代は何を要求しているのか」をめぐって議論が重ねられました。そしてソウル総会への提案として、「平和と安全保障」、「世界経済」、「人口」、「環境」、「エネルギー」、「人権」の六分野で必要とされる国際的な措置を打ち出すべく、合意されました。

## OBサミットが大きく展開した契機

ところで、今から振り返ってOBサミットが大きく展開していった時期がいつであったかについては、この冷戦終結、つまりソ連崩壊の頃ではなかったか、と考えています。OBサミットはすでに設立から七年が経過し、米ソ対話推進や核軍縮、環境問題に関する執拗な提言で、世界的にもかなりの評価を確立していました。

象徴的だったのは、この頃から首脳経験者たちの自薦・他薦による参加希望が急激に増え、専門家会議への招待を断る学者たちもほぼ皆無となったことです。OBサミット関係の会議への参加が、一つの名誉とみられるようになったのだと思います。

リスボンでの専門家会議のテーマを決定したのはソ連崩壊前年でしたが、ソ連崩壊はいよいよ時間の問題と映っていました。したがって福田・シュミットが「国際相互依存と国家主権」というテーマで冷戦後の世界を議論することを決定すると、参加希望者が殺到したという訳です。

多くの参加者にとって、それまでの四十数年間は超大国間の対決と軍拡の時代でした。ところが冷戦終結で、彼らの前途には「新たな平和・協調・対話の時代に移行するチャンスが待っている」、と感じられた時期だったのです。

そしてシュミットの発した「その新時代の幕開けは、変化への好機を積極的かつ確実につかみ取ることで、初めて実現するだろう」という言葉に鼓舞されたのでしょう。皆さんそれぞれ、それまで目撃してきた進展を逆転させないためになすべきことを模索していたのです。つまり、それ以前の七年間積み上げてきた業績と、世界を一変させた冷戦の終焉が相まって、OBサミットは一九九〇年から一層大きく展開していったと考えられます。

リスボン会議では、安定した二十一世紀を確立するための新しい手段や、新たな形態の指導力がどうあるべきかが議論されました。また国家利益と地球利益の関係については、新たな定義が必要となると合意されました。

興味深かったのは、「冷戦の終焉で東西対決も核戦争の脅威もなくなる世界。その世界が必要とするのは、相互依存する地球秩序の賢明な管理だ」という議論でした。

リスボンでの議論の結果、提言は、「環境の劣悪化に歯止めをかけ、永続的な南北間の経済格差、そして先進諸国間の金融の不均衡を是正し、人口増を抑制し、絶対的貧困を根絶し、先進諸国における無限の消費需要を削減するための手段を講じなければならない」という、福田色の強いものとなりました。

それまでの「核軍拡反対」等の軍事的問題は、もはや過去のものという感じですらありました。平和の時代の到来と、それがもたらす〝平和の配当〟という楽観的な雰囲気に包まれた会議となったのです。

## 苦労人のジェームス・キャラハン

このリスボンの専門家会議に出席したメンバーの中で、ここまであまり取り上げてこなかった二人の人物について触れたいと思います。

OBサミットの主要メンバーで福田に次ぐ高齢者は、七つ歳下の英国のジェームス・キャラハン卿でした。福田とはお互い蔵相時代の仲間であり、ロンドン・サミットのホスト役を務めたキャラハンには、福田は特別の敬意を払っていました。キャラハンも「はじめて理解し合えた日本人。ミスター・フクダが相手の時は、なに一つ困らなかった」といつも口にしていました。

キャラハンは幼い頃に父親を失い、そのため中学校を卒業した十六歳から税務署で働き始めた苦労人です。大変な読書家で、高等教育はほぼ独学だったようです。一九四五年に下院議員に当選し、八八年の引退まで四十三年間国会議員を務めました。ちなみに英国で首相就任前に、蔵相・

内相・外相という三つの最重要ポストを歴任したのは、二十世紀に入ってキャラハンが初めてです。思慮深く、自身が大変な苦労をしてきたからか、とても温かい指導者でした。

ところで、痩身の福田赳夫はどこの会議でもひざ掛けを手放せない冷え性でした。プラハの石造り宮殿で行なわれた会議では、五月末でも冷え冷えとしていて、特に寒がっていました。肩こりもひどく、コーヒーブレイクの都度「ちょっとマッサージしてくれんか」と頼まれたものです。「この人（私のことです）は、同居の母親で訓練しているから、プロ並みの上手さなんだよ」とうらやましがる同僚に自慢するのです。すると、われもわれもとマッサージの希望者が続出。「そんな分厚い肩では彼女の手がつかめないから、残念ながらダメ」と、福田は冗談を言いながら私を気遣ってくれましたが、唯一の例外として、八十代で首が回らないほどの肩こりに悩まされていたキャラハンには、特別サービスを認めました。横手秘書夫人と二人でマッサージをしました。

「年取ると良いこともある」と上機嫌のキャラハン。夕食前の三〇分ほどのマッサージで、彼は「びっくりするほど楽になった」と感激してくれました。

「ところで、こういうマッサージをロンドンでも頼めるのでしょうか」とキャラハンが福田に尋ねました。福田は早速、同行していた外務官僚に「駐英大使館に探すように連絡してもらえないか」と依頼。後日、キャラハン卿から福田に礼状が届き、そこには「あなたのスタッフほど上手じゃなかった」とジョークが書かれてありました。

プラハでキャラハン卿のマッサージをする著者（1991 年）

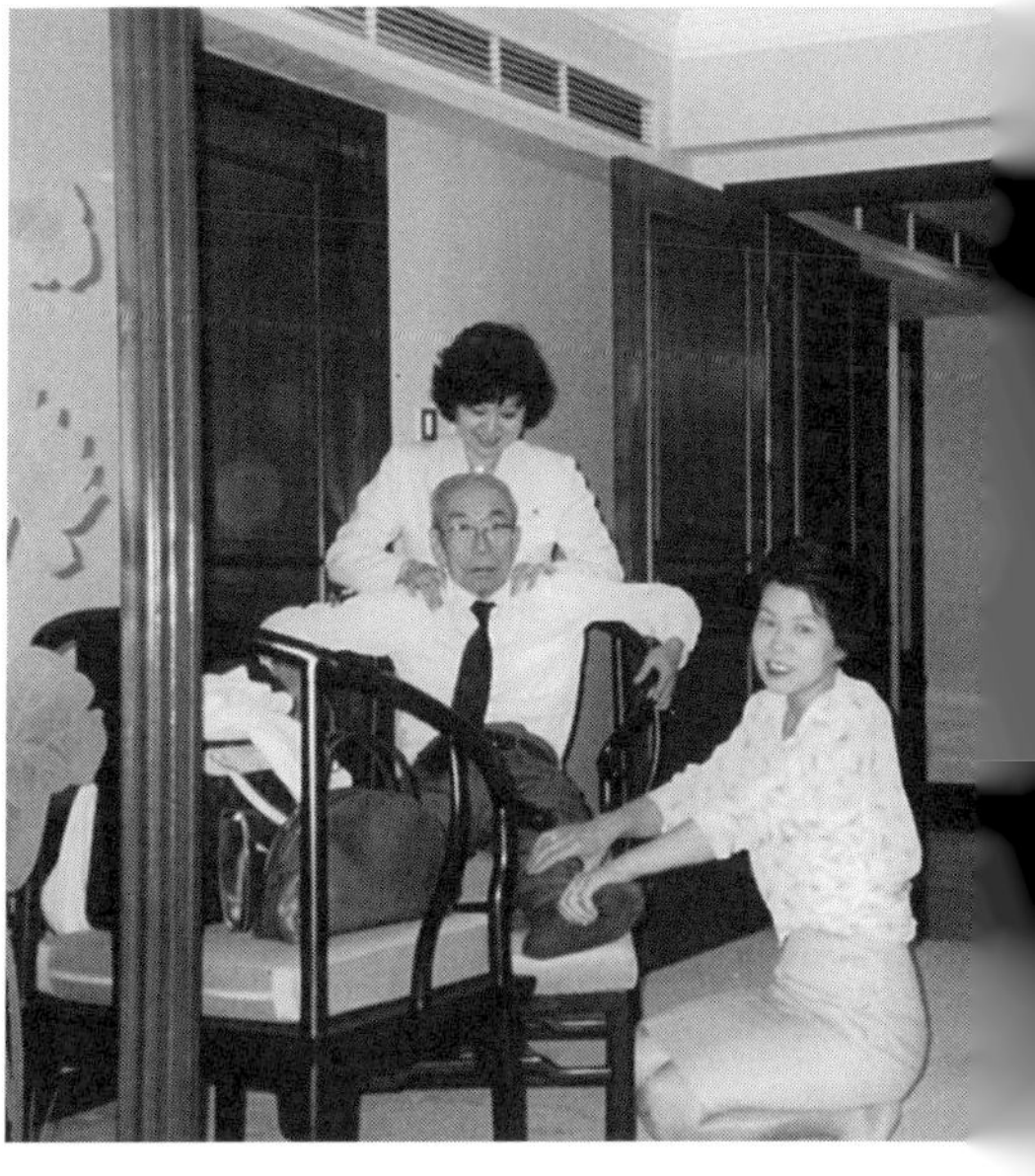

上海で横手秘書夫人と一緒に（1993 年）

息子のように可愛がったオバサンジョ大統領と（1994年、ドレスデンにて）

愛妻家だったキャラハン卿は、二〇〇五年、長年自ら介護した病身のミセスをみとった僅か十一日後に、九十二歳で静かに他界しました。

当時英国では、「ジム（キャラハン）らしい旅立ち」と言われ、エリザベス女王以下、彼のファンたちがその最期を見送ったそうです。

## 投獄されても信念を曲げないオルシェグン・オバサンジョ

巨体を隠すように、常にカラフルなアフリカ民族衣装を身に纏っていたオルシェグン・オバサンジョ元ナイジェリア大統領。痩身の福田赳夫が彼と会うときの挨拶は、見ものでした。「あちらは元帥、私は一兵卒以下」と、自分の息子ほどの年齢のオバサンジョに、福田は直立不動の軍隊式挙手で敬礼するのです。当然、周りは大爆笑でした。

オバサンジョは、激動のアフリカ現代史の中で数奇な人生を歩んだ指導者です。

一九三七年生まれで、ＯＢサミット設立総会当時は最年少の四十六歳。英国植民地時代に農家で育ち、高校卒業後に陸軍に入隊。軍務の傍ら牧師の資格も取得し、日曜日には教会で説教をしていました。

一九六〇年のナイジェリア独立後、悲惨なビアフラ戦争で頭角を現し、ビアフラ側の降伏を受け入れた将軍でした。一九七六年に軍事政権の国家元首となりましたが、一九七九年には自ら総選挙を見届けて文民政府に国政を移行させ、故郷に戻って農業に従事。アフリカでは独裁者になる軍人の多い中、見事な引き際でした。

ところがその後オバサンジョは、再び軍部独裁となった政権を批判したせいで投獄されます。オバサンジョが危ない――。OBサミットは、オバサンジョの釈放を訴える国際的な運動を展開しました。

運動の影響もあって、オバサンジョは殺害されることなく、独裁者の死によって三年三カ月と三日ぶりに釈放されました。彼はその後大統領選挙に立候補し、二期の大統領の間「汎アフリカ主義運動（アフリカの自立と連帯）」に尽力します。

オバサンジョが父親のように慕っていた福田赳夫は、オバサンジョからの依頼には可能な限り協力しました。アフリカには民主主義的な指導者が少ないことから、一九九〇年、オバサンジョが「アフリカ指導者フォーラム」という指導者育成の組織を創設したときも、福田は一番の協力者でした。

一九九三年、福田が後述のとおり、北京で江沢民に「中国は軍事大国にならないで欲しい」と直訴すると、オバサンジョは「素晴らしかった。もう軍隊式の挨拶はやめにしましょう」と満面の笑顔で巨体をゆすっていたのがとても印象的でした。

福田赳夫の逝去当時、オバサンジョは獄中にあったため、その死を知らされていませんでした。大統領復帰後に公式訪日した際、「タケオのいない日本なんて……」と寂しそうにつぶやいていていたことが忘れられません。

なお、二〇二〇年にナイジェリアと同じアフリカのエチオピアで、「ティグレ紛争」という、多数の住民虐殺などを伴った争いが起きました。この悲惨な争いを終わらせるため、アフリカ連合（AU）の特使として、オバサンジョが和平を仲介しました。二〇二二年十一月のことです。和平合意の署名式典で、仲介者のオバサンジョは、「この瞬間は和平プロセスの終わりではない。合意を実行することが極めて重要だ」と述べていました。和平合意の功を誇らず、紛争で犠牲になった人々に思いを致し、実効ある和平プロセスにこだわるオバサンジョに、かつての福田赳夫の面影を感じずにはいられませんでした。

## 能力とともに人間性も豊かな指導者たち

G7サミットの旧参加者が集まると、いつも必ず、福田も参加したロンドンとボンのサミットの思い出話に花が咲きました。とりわけ福田とシュミットは、ボン・サミットで日本とドイツが世界経済のエンジン役を引き受けたことについて、よく質問を受けていました。

リスボンでの昼食会では、次のような興味深い会話がありました。

獲りたての大きなイワシの塩焼きがメインのランチ。西洋人はオリーブオイルとレモンをかけましたが、「福田さん用に」とホテルは醤油をサービスします。そのイワシを前に福田は、日独が世界経済のエンジン役を引き受けたことについて語りました。

「一番の要因は、日独が似たような経済状況にあったことです。石油ショックの打撃は、他国と同様両国でも大きく、私たちも国内経済を健全な状態に戻す努力をしていました。でも日独は経済の優等生でした。米国は財政赤字の増大と高いインフレ率にもっと苦労していたのです」

シュミットはさらにダイレクトに、こう付け加えました。

「つまり、日独に、米国の財政の赤字増大と高いインフレ率を受け入れさせ、世界経済を引っ張ることに協力せよ、ということでした」

「しかも米国に、エネルギー危機の解決に寄与する心構えは、見えなかったですよね。だからこそ、日独が率先する姿勢を見せるしかなかったのです」

さらに、シュミットはある回想で皆を驚かせました。

「日独にとって同じくらい重要だった要因は、〝第二次世界大戦が残した外交政策上の負い目を返せ〟という挑発でした。元枢軸国の私たちに反論できるわけがありません」

「当時、貿易と経済政策では、日独が被告席に座らせられがちでした。だから、あまり日独の共通性を外部に謳いあげないように気を付けよう、と二人で話し合ったんです」

英国のジム・キャラハン（元首相）とカナダのピエール・トルドー（元首相）が気まずそうに顔を見合わせました。それでシュミットは、話題を直ぐ福田赳夫に戻しました。

「福田さんはその後、日中平和友好条約調印、福田ドクトリン、対外援助の増大等で、ボン・サミットの誓約を守ったんですよね」と福田の外交成果を述べます。

「いや、あれらはその前からやりたかったこと。ちょうどタイミングが合っただけ」と福田は謙遜していました。

それに対してキャラハンが、「貴方は第三世界に対する道義上の義務を認識して、開発援助の大幅な増大でそれを守った、と我々は理解していますよ」と。

キャラハンの発言に続いたのが、十五年半も首相の座にあったトルドーです。

「そういう意味で、ミスターフクダはおそらく日本で最初の、これまでで唯一の国際的な総理大臣ですよ」

福田は「持つべきは良き友！」と、細い目をさらに細くして、ポルトワインで乾杯しました。

このときの会話を忠実に文字に起こせば、このような和気藹々とした雰囲気になりますが、一国の首相として重い責務を果たしてきた者同士だから分かち合える、互いを認め合う姿勢には、文面に表わしきれない深みがありました。

三人とも福田赳夫に媚びる必要も理由もありませんでした。友情がそう発言させたのです。この時代の指導者たちが持つ能力以上の、思慮深く思いやりのある人間性。ＯＢサミットが成功した背景には、こうした能力とともに人間性も豊かな指導者たちが集ったことも、見逃せない事実であったと思います。

# 第五章

# 凛然

「中国は軍事大国にならないでほしい」

1993年 北京　江沢民主席に「中国は軍事大国にならないでほしい」と伝えたあと人民大会堂で

## 特定の国への提言では間に合わない時代

冷戦時代の世界は、核の脅威と隣り合わせでした。しかし地政学的に見れば安定していた時代だったともいえます。にらみ合っていた二大超大国が世界の重石となっていたからです。

冷戦が終わって以降の一九九〇年代は、ベルリンの壁崩壊に続いて東西ドイツの再統一、ソ連邦の崩壊、旧東側諸国の市場経済参入と民主化、そして経済のグローバル化など、多くの国が初めての経験に直面し、大混乱の十年となってしまいました。資本主義世界でも、独裁政権が続いていた台湾やインドネシアなどが民主化に動きました。

他方、第一次湾岸戦争をはじめ多くの悲惨な地域戦争と民族主義が台頭し、グローバリゼーションの複雑な問題が明らかになり、国際資本市場の著しい拡大やアジア諸国の金融危機など課題が山積していきました。その一方では、ＥＵの登場、ＩＴと新メディアの目覚ましい進歩など、未来への展望を感じさせる動きもあった十年でした。

ＯＢサミットの指導者であった福田やシュミットたちも、こうした急変への対応に追われましたが、長期的な地球人類問題への取り組みは決してあきらめることなく、熱心に続けられました。

冷戦後の混乱した一九九〇年代。ＯＢサミットにとっては、創設者である福田赳夫を永遠に失ってしまった時期に重なります。しかし残されたメンバーたちは福田の遺志を引き継いで最大限の努力を払い、最高の成果を上げた時期でもありました。

この動乱時代のOBサミット活動の特徴は、「グローバル化する世界に対して、グローバルな危機について警鐘を鳴らす」ことに傾斜していったと言えるでしょう。これまで以上に、特定の国への提言では間に合わなくなったのです。したがって全世界に向かい、全人類に対して警鐘を鳴らしました。

環境問題の危険、規制緩和され自由化された金融市場のリスク、普遍的倫理規範の必要性、あるべき指導者像などが打ち出されました。

## 朝鮮半島に残る問題

一九九〇年のOBサミット年次総会は、欧州での冷戦終結後もなお、北朝鮮と冷戦状態が続いていた韓国のソウルで開催されました。ここではホスト国の希望もあって、分断された朝鮮半島が平和裏に統一できる方策を議論し、いくつかの具体的な提言を打ち出しました。

統一の最初のステップとして「南北の指導者が可及的速やかに前提条件なしで会うこと」、「そして分断家族の再会・通信および両国民の往来の許可」等です。

国際社会に対しては、「南北両国の速やかな国連参加」と、「近い将来の韓国のOECD（経済協力開発機構―西側先進諸国の経済機構）加盟」を推奨します。両国の国連加盟は翌年実現し、韓国のOECD加盟も一九九六年に実現しました。

冷戦終結によって東西ドイツはすでに統一を果たしています。次は、平和裡に南北朝鮮が統一することが、国際的な雰囲気としても望まれていました。一九九三年には韓国側の要請で、「ドイツ統一から学ぶ朝鮮半島問題」を検証する専門家会議が開催されました。そこでは、ドイツ統一問題解決の際に適用された〈四プラス二方式〉を踏襲した六カ国協議（北朝鮮、韓国、中国、日本、ロシア、米国）が提案されました。それは二〇〇三年にやっと実現しましたが、残念なことに、その後も朝鮮半島における諸問題は解決の目途も立っていません。

またこの頃から国際社会は、北朝鮮の核兵器開発を問題視し始めました。一九九四年には、北朝鮮が国際原子力機構の査察を拒否。OBサミットは「（北朝鮮に対し）しかるべき制裁を加えるように」と強く推奨した最初の政治家グループとなりました。

## 知日派・申鉉碻《シンヒョナク》

ソウル総会のホストであった、韓国の元国務総理・申鉉碻《シンヒョナク》。OBサミット主要メンバーであった彼についても、少し触れておきます。

申鉉碻の人生は、二十世紀のアジア情勢に翻弄された厳しいものでした。

一九二〇年、日本に併合されていた朝鮮半島の慶尚北道生まれで、朝鮮唯一の帝国大学だった京城帝国大学を卒業した後、一九四三年日本の高等文官試験（今風に言うと国家公務員の総合職試験）に合格。朝鮮半島出身の合格者は全員が朝鮮総督府勤務でしたが、申は「特に優秀」ということで、日本の農商務省に入省しました。

ところが申は、一九四五年（昭和二十年）五月のある日突然、霞が関から消えます。心配して探し回った同僚たちも、戦禍の中で申のことは諦めざるをえませんでした。ところが、朝鮮戦争勃発後の一九五一年、申が韓国政府商工部の課長となったニュースを読んだ日本の元同僚たちは、「平林君（申の和名）が生きていた！」と胸をなで下ろしたそうです。

「東京が空爆を受け始めた時、『死ぬならどうしても親のいる故郷で』と決意し、九州まで汽車を乗り継ぎ、それから先は漁船に頼んで故郷にかろうじて戻れました。親には連絡が取れましたが、日本の官憲の目が光っているということで、終戦までは山の中の穴倉に潜んでいました」と、当時の経緯を説明してくれました。一九七九年、国務総理に就任。しかし翌年の全斗煥率いるクーデター後に解任されてしまいます。その後、民間企業で活躍しました。

日本についてはやはり、複雑な感情があったようです。

「韓国人としては当然、日本に対する相反する感情に揺れ動いてきました」と語った申鉉碻。しかし、その人生を終えるまで毎日、日本の全国紙を三紙購読し、日韓の和解と協力に尽力しました。彼のような知日派がもはや韓国の上層部に不在であることは、隣国同士の日韓両国にとって大変な不幸であると同時に、こうした人物を持つことの大切さを痛感します。

そういえば、ソウルでOBサミット総会を開催したとき、福田の八十五歳の誕生日パーティーを企画したのは申鉉碻でした。福田は誕生日のお祝いを一切断ってきましたが、そのことを知っていた申鉉碻はサプライズ・パーティーを計画します。

パーティーでは申鉉碻が、「シュミット議長と一緒に仲良くナイフを入れて」と大きなケーキを運ばせると、「いや、驚きました。初めての誕生祝賀会にも驚いたが、この年になって結婚式を挙げさせられるとは！　しかも相手が妙齢のご婦人ではなく、シュミットだなんて！」会場は割れんばかりの笑い声に包まれました。

申鉉碻は、とても頭の切れる誠実な方でした。

## 「隣国と仲良くなれない日本」

日本贔屓のシュミットにもどうしても理解できず、受け容れられないことがひとつだけありました。それは、「どうして日本は近隣諸国と仲良くできないのだ？」ということでした。彼はアジア諸国を旅行するたびに、各国指導者たちとの会話から「日本には、周りに本当の友好国がないのではないか？」と感じてきました。「孤独な日本」を憂いていたのです。

シュミットは日独の地政学的な差を、次のように説いていました。

「ドイツは地続きの国境の向こう側に一〇カ国、狭い海峡を挟んだスウェーデンを入れると一一カ国の隣国に囲まれています。島国の日本とは大違い。何世紀にもわたって、凄まじい戦争が展開され続けた地域に位置しています。最後の第二次世界大戦は〝狂気の沙汰〟でした」

「そしてその〝狂気〟が引き起こした非人道的なあらゆる犯罪を、近隣諸国に乗り越えてもらうために、戦後ドイツ人は血を吐くような努力を重ね続けてきました。未だに四方八方で謝罪の連続です。これは、今後もずっと続くでしょう」

そんなシュミットにソウル総会で、韓国人記者が質問しました。

「日本はなぜ、ドイツのように謝罪し続けないのだと思いますか？」

「日本も努力しているとは思うが、敗北した国から親善の手を差し伸べるのは簡単ではない。ヨーロッパでは、ドイツに占領されたフランスが一九五〇年代に先に手を差し伸べてくれて、ドイツの動きを楽にしてくれたのです。フランスは大人でした。もちろん東西冷戦の下、西側諸国が団結しなければならない、という事情もプラスに働きましたが」

「未だに冷戦状態にある東アジアだってそれは同じ。韓国が先に友愛の手を差し伸べれば、世界は皆さん（韓国）を、成熟した理性的な大人の国と評価してくれるでしょう」と答え、居合わせた人々を驚かせました。

彼はその晩、このやり取りを福田に語りました。日韓問題は、福田があまり歓迎しない話題であることは百も承知の上で。

福田は、「政官財民で重層的に、日韓関係の改善に努めていますが……」と述べました。シュミットは自らの想いを福田に問いかけます。

「隣の国と仲良くできないと、安全保障上も大変危険です。日本は遠い遠い隣国の米国だけを一番の親友にしても、それは片思い。米国はどれほど日本を思っていてくれるのだろうか」

それには福田は直接答えませんでしたが、アジアについては、

「日本の使命を政治面ではなく、経済分野で果たして行くのです。アジア諸国の生活水準の向上に協力すること。だから経済プラス『心と心』なのです。アセアン諸国の経済力も親日感も、〈福田ドクトリン〉発表以降大幅に改善しました。我々は、北東アジアでも同様の努力と協力を地道に続けるしかない」と語りました。

当時は、「日本には周辺地域に友人がいない」というシュミットの発言を厳しく批判した日本人も多くいました。福田もシュミットの発言には当惑していました。しかしシュミットは日本を単に批判したわけではありません。彼はアジア諸国を訪問すると、いつも独仏関係改善にイニシアチブをとったフランスの例を引き合いに出し、「戦勝国側が対日関係改善のイニシアチブを採るべきだ」と、薦めてくれていたのです。

「侵略されたとしても、戦勝国側だった国が先に手を伸ばしてあげることが関係改善につながる、と、いつも中韓では説得を試みています」

そう福田に語ると、福田は合点がいったように、「そうとはつゆ知らず、イヤー、ありがとう」と素直に感謝していました。

たとえ引退したとはいえ、他国の首脳同士がこのように胸襟を開いて語る姿は、かけがえのな

いものと周囲には映りました。

今日、日本と発展目覚ましいアセアン諸国の関係は大変良好です。これは〈福田ドクトリン〉の成果とも言えるでしょう。他方、日中、日韓関係は、最近まで当時より険悪になった面も否めません。二〇二三年春、ようやく日韓首脳のシャトル外交が再開されました。山積する課題を「語り合える」仲になっていくことを望んでやみません。

それは当然、福田もシュミットも、願っていることでしょう。

## 国際金融市場への警告

ＯＢサミットは一九八〇～九〇年代を通じて、シュミット議長の悲願だった欧州中央銀行制度の設立と、欧州単一通貨の設定を訴え続けました。シュミットは、それらの中心的作業を担っていたジスカール・デスタン（元フランス大統領）の応援団長だったとも言えましょう。二十年近くを経て欧州中央銀行が一九九八年に設立され、新通貨ユーロは二〇〇二年に導入されました。一貫してそれらを推奨してきたＯＢサミットは、その歴史的な達成を大いに祝しました。

他方、冷戦終結後の新たな世界で見えてきた問題のひとつは、国際金融市場における規制緩和と、グローバル化による危険でした。それについても最初に警告を発した政治家グループがＯＢサミットでした。これまで何度も触れてきましたが、それはＯＢサミットを主導してきた福田赳夫、ヘルムート・シュミットいずれもが、財政・金融政策のプロであったことが大きかったからです。

ＯＢサミットは一九九一年春、ジスカール・デスタンを議長とした専門家会議「国際金融市場と中央銀行の役割」を開催しています。ＯＢサミットは、冷戦終結後これらの問題と取り組んだ最初の非金融系の会議体でした。そこでは、金融と通貨市場で定期的に発生する債務不履行、破産、あるいは救済措置などに世界の注意を喚起しました。

そして各市場間のますます深まる相互関係が、システミック・リスクの可能性を高めると警鐘を発します。つまり、「どこかの金融市場がおかしくなれば、世界経済がドミノ的に悪影響を受ける」と警告したのです。

さらに、新しい国際金融市場で必要とされる「監督機関」や「情報提供機関」が不在であること、経済的に弱い国々が、自らは全く影響力を行使できない国際プロセスによって窮地に追い込まれていることなどの問題点について強く注意を喚起しました。

これらの点について専門家会議は、「強固な国際金融の監督・規制制度を確立し、それに必要な実務措置を設立するよう」主張しました。世界的に見れば〝聞く耳を持たない〟人たちが金融部門には圧倒的多数でしたが、それにもめげず、金融市場に関する提言は以降も続けられていきます。

六年後の一九九七年、数年に及んだＯＢサミットの警告と注意喚起が正しかったことを世界は知ることになりました。大規模な「アジア通貨金融危機」が七月に発生してしまうのです。

アジア通貨金融危機は、タイをきっかけとして始まり、インドネシア、マレーシア、韓国などに波及した一連の金融・経済危機です。翌年にはロシアやブラジルなどアジアを超えた地域にも影響が及びました。

ヘッジファンドによる通貨の空売りをきっかけに、瞬時に広がったこの金融危機の一カ月前、オランダのノールトワイクで行なわれたOBサミット総会の最終声明では、「国際的資金の流れの規模や投機的動きの拡大速度によって、極めて深刻な市場の混乱が発生しうる」と警告しました。

そして、「各国の中央銀行と規制監督機関が、規制措置で協調し、貸し手に対する一層厳しい資本比率を要求すること」を勧告したばかりだったのです。

一九九八年には、福田の後を継いだ宮澤喜一がOBサミット・ブラジル総会で「アジア通貨危機」を分析し、危機再発を防ぐための対応措置を提案して注目を浴びました。

世界の主要通貨レート安定化への努力、グローバル化の下での透明性の確立、良き企業統治、政治・ビジネス・金融の適切な分離、国際通貨基金の監視強化、金融機関の監督強化、途上国の通貨危機を阻止する基金の創設等でした。

さらに一九九九年には、米国ハーバード大学のケネディ・スクールとの共催で、堅固な国際金融システムの創出を提案します。

金融規制の最善基準の確立と、その遵守を監視する国際的な監督機関の設定、短期の投機的資本への依存軽減、アジア通貨基金のような金融危機に対する適切な地域的アプローチの創出、民間融資にも包括的解決策の下で共通責任を負わすこと等、具体的かつ有効な手立てが勧告されていきます。

ＯＢサミットは、金融機関・国内金融監督庁・国際金融組織の透明性の原則が国際金融を安定させる核心であり、重大な危機回避に繋がると確信していたのです。残念ながら金融自由化を謳歌していた市場プレイヤーが多くいる国々では、これらの提言を聞き入れる意思はまったくなく、二〇〇八年の巨大な「リーマン・ショック」に至る土壌が放置され続けてしまいました。

## バルカン半島紛争

福田赳夫が、一九八四年のブリオニ総会で懸念した旧ユーゴスラビア連邦の国家元首不在という国家存亡の危機は、その後も続いていました。福田たちはブリオニですでに、「異なる言語や宗教に属し反目し合う諸民族の集合体で、強力な国家元首が不在となると、崩壊してしまう危険」を見抜いていたのです。

ＯＢサミットは一九九一年五月のプラハ総会で、「バルカン半島での不必要な惨事を避け、流血を阻止するためにあらゆる努力を払うべき」と警告しました。ＯＢサミットはここでも、「即座に可能な限りの措置を取り、状況を見極める独立委員会を設立するよう」世界に呼びかけた、最初の政治指導者グループとなりました。

翌年もそして九三年にも、繰り返し警告を発しました。しかし残念ながら、混乱していた当時の世界には、この真剣な勧告を聞き入れる余裕はありませんでした。プラハ総会の翌月にスロベニア、クロアチアが連邦からの独立を宣言し、これを端緒にバルカン半島全体を巻き込むことになっていく一連の壮絶な民族戦争は、拡大の一途をたどっていきます。

十年以上も長引いた戦争と甚大な犠牲の後、旧ユーゴ連邦は次々と分裂。今日ではセルビア、ボスニア・ヘルツェゴビナ、クロアチア、北マケドニア、スロベニア、モンテネグロ、コソボの七カ国の独立小国家になっています。

## 片手のクレーン

前述のように、「どこかの金融市場がおかしくなれば、世界経済がドミノ的に悪影響を受ける」と専門家会議が表明した一カ月後の一九九一年五月、チェコのプラハで第九回ＯＢサミット年次総会が開催されました。

プラハは、中世の世界をそのまま保存したような美しい都市です。近代的な建築を一切禁止し、第二次大戦で破壊された建造物も昔のとおりに復元されていました。まるで町全体が博物館の様でした。そして何よりも、ビール愛好者を大変喜ばせた国でもありました。福田は「おとぎの国のようだ」と、初めてのプラハに感嘆していました。

チェコスロバキアは一九八九年十二月末、共産主義体制から民主主義体制に移行しています。「ビロード革命」と呼ばれた無血革命でした。OBサミット総会がプラハで開かれた僅か一年半前の出来事です。

総会では福田が、「世界は、もはや従来の東西対立や南北対立で測ることはできなくなった」と指摘します。冷戦が終わっても、東欧では新たな時代に経済や社会が転換するために、多くの課題が山積していました。そして読者にはすでにおわかりかと思いますが、人口問題や環境問題、エネルギー問題など、地球的な課題が、まさに地球的な解決を求めていたのです。

福田は大局からそのことを指摘し、シュミットは議長として事態の分析を行ないました。このコンビネーションがあるからこそ、OBサミットが動いていくのだ、と改めて実感した総会でした。

プラハでの宿舎は政府の迎賓館でしたが、モスクワのそれとは大違いの、趣のある建物でした。ただ、その壮大さはやはり社会主義の権威を彷彿させていました。「運動会ができるな」と、最大のスイート・ルームに案内された福田は目を丸くしていました。

会議は、昔のハプスブルク王家の宮殿で開催。チェコがオーストリア・ハンガリー帝国に占領されていた時代の遺物で、宮殿としてはこぢんまりとした方ですが、内装外装ともに白が基調のバロック建築で、目を見張るほどの美しさでした。

当然といえばそのとおりなのですが、十八世紀に建築された宮殿には、エレベーターがありません。総会直前に福田は、自身の政治的後継者（自民党の旧福田派・清和会の後継者）であった安倍晋太郎を喪い、自身の体調も万全ではありませんでした。

会議室は三階でしたが、一階あたりの天井が高い宮殿でしたので、日本だったら五階分くらいの階段数。福田は、広く高い階段を上るたびに、苦しそうに息切れして周りを心配させました。

見かねたシュミットが、心配をジョークの綿で包みながら、「ズボンのベルトに指をひっかけて、つるし上げてやってごらんなさい。軽いから可能でしょう」と、同行の横手秘書に言うと、「なるほど、片手のクレーンか」と福田はシュミットのウィットに応えます。本人はまんざらでもない様子でした。

しかし福田は帰国後、肺炎を起こしてしまい、夏のあいだずっと寝込むことになります。会議後に、体調のすぐれない中で酸性雨に痛めつけられた森林を見学したことが原因だと言われましたが、あの階段の上り下りも一因だったのではと、当時の関係者たちが長いこと胸を痛める結果となってしまいました。

## ハベル・チームに太鼓判

チェコスロバキアでは、豊かな創作力、強固な意志と信念で、共産国家だった頃から有名だった作家のヴァーツラフ・ハベル大統領が、民主化と市場経済への移行を指導していました。共産党政権に長年抵抗してきた文学者・ハベルは、シュミット議長とも民主化前から面識がありました。「ＯＢサミット総会をプラハに呼び、西側の識者に現状を見てもらったらどうか」というシュミット議長の提案を、ハベル大統領はすぐに受け入れます。市場経済へ移行中の国の実情と展望を自らの目で確かめたいと、福田もプラハ訪問を心待ちにしていました。

ハベル大統領とその側近とは、大統領主催のレセプションで会いました。穏和な表情で小柄な作家大統領、やはり反共の闘士だった外務大臣、そして福田と三人、隅のテーブルに座りました。柔和ではありましたが、五十歳とは思えないほど老けて見えたハベル大統領の表情には、度重なる獄中生活を含む過酷な半生が投影されているように見えました。流血を伴わないビロード革命によって、共産党政権から自由を取り戻したその道程はどれほど険しいものであったか。私たちはただ、尊敬をもって想像するしかありません。福田は、物静かでありながら信念強固な大統領に、一目ぼれしたようでした。

チェコスロバキアを代表してＯＢサミットのプラハ総会に参加したのは、ミロスラブ・クシー外務大臣でした。ハベルの同志で、共産主義に抵抗し続けたために公職につけず、長い年月を煙突掃除夫として過ごしたという伝説的な人物です。

「外務大臣に任命されたというニュースも、煙突掃除の後で聞きました」と、福田に微笑みながら話していました。ご本人にとってはご苦労の末の驚くべき報せであったと思いますが、まさにおとぎの国の、おとぎ話のような実話です。

「素晴らしい意志力。大変でしたね」という福田の温かいねぎらいに対して、ハベルとクシーの二人の若い指導者は、「これからの方がもっと大変です」と、おのおの決意あふれる表情で返答されました。福田は二人の発言を受けて、「この国の将来は大丈夫！」と、永年の政治家としての勘も働いたと思いますが、太鼓判を押すように強くうなずきながら二人に語りかけました。

ちなみにその年の暮、ソ連邦は七四年の歴史に幕を閉じます。そしてこの若き指導者たちとの会談の二年後に、チェコスロバキアはチェコとスロバキアに分離しました。完全な話し合いに基づいたその無血分離について、後に「あのハベル大統領抜きでは困難だったかもしれないな」と福田はコメントしていました。

## 中欧の酸性雨林視察

福田は、プラハ総会でも得意の「資源有限時代論」を主張しました。

「世界中の人々が、考え方や価値観を革命的に変えるべき時がきたのです」

保守政治家でありながら福田は時々、「革命」という言葉を使いました。それは、彼が持つ純粋な危機感から発せられていたのではないでしょうか。福田の危機感は、単に「危機」を言うだけでは終わりません。人間が生きていくために必要な資源と環境について、その教育の重要性を訴えるのです。

人間は知らなければ対応できない。

そして危機を前にして「正しい振る舞い」を学ばなければ、未来は拓けない。福田の主張の根本には、「だからこそ教育が必要なのだ」という思いがあったように感じられます。

「ああいう演説をしたのだから、酸性雨林ぐらい見てこなきゃ、有言不実行になってしまう」

福田は現役の政治家時代も大切にしていた〝現場主義〟をここでも発揮し、六月とはいえ、冷え冷えとした雨の中を出かけていきました。すでに咳をしていたので周囲はその視察に猛反対しましたが、「百聞は一見に如かず」と聞き入れてくれません。視察後、皆の心配が的中してしまいました。雨に打たれて発熱してしまったのです。それでも、「あれほど膨大な樹木が立ち枯れするとは」と、酸性雨林の惨状を苦しそうな表情で語っていました。

福田の環境に対する考え方について、いくつかの言葉をご紹介します。

一九七二年、自民党総裁選挙の立候補宣言では、高度経済成長は物質的な豊かさを与えてくれたが、環境破壊などマイナス面も生んだとし、「われわれはいま、これまでの物質的な豊かさを中心とする価値観から、心の豊かさと人間としての生き甲斐を中心とする価値観へと、発想の転換を求められる段階に直面したと思われる」と述べました。

また、総理大臣として一九七七年一月の施政方針演説では、「『資源有限時代』を迎え、経済社会についての考え方を根本から転換すべき時にきていると申しあげた。もうこれからの日本社会には、従来のような高度成長は期待できないし、すべきでもない。しかし、成長はその高さをもって尊しとしない。成長の質こそが大事なのである」。福田はすでに見てきたように、同様の主張を繰り返していますが、これはつまり、彼の信念が揺らいでいない何よりの証拠です。

「一つの生物も地球の存在にとって大変貴重な役割を果たしうる面に思いをいたす必要がある。資源・モノを大事にするという考え方が日本の社会を再建する一つの要になるのではないか。時代認識そのものを変えるのでなければ、新しい時代は想像できないし、二十一世紀へ飛躍する日本社会の展望もない」

この発言は、彼の母親の教えそのものであり、生きとし生けるものを大切にする仏教哲学が大きく反映されています。国内に向けた政治スピーチではありますが、OBサミットでの主張がこうした考えを基礎にしていることはおわかりでしょう。

ちなみに東京世田谷の福田邸には、野生化したインコが多摩川近辺から、毎朝群れを成して飛来していました。福田家は長年、庭の大きな木にリンゴ等をつるして鳥たちに朝食を提供していたのです。微笑ましく、生き物を愛でる心情が伝わってくるエピソードです。

なお、すでに触れたようにプラハで寒いなか酸性雨の惨状を視察したせいか、福田は帰国後風邪をこじらせ、夏のあいだずっと寝込むことになってしまいました。

環境破壊の代表的な事例を自らの目で確かめたいという現場主義と、いつまでも学び続けたいという、福田の誠実な姿勢が表れているエピソードだと思います。OBサミットの執行委員会はその年の秋以降、福田の健康を考慮して、東京で開催されるようになりました。

## 福田の体調と執行委員会の縮小

秋に入り、福田の「プラハの肺炎」はおさまりました。しかし、彼の心を深く痛める事態が発生してしまいました。長年秘書をつとめてくれた次男・横手征夫が癌の手術を受けたのです。それを知ったシュミットは秋の訪日中、福田に内緒で横手秘書を病院に見舞い、励ましました。それを聞いた福田が「チャンセラーが来てくれたのか！」と驚き、自分が落ち込んでいてはいけないと元気を取り戻しました。そして福田が元気になったことを確認できたシュミットが大いに安堵するという、周囲から見ていても本当にうらやましい友情を育んでいました。

長年培ってきた二人の友情が、年を重ねるごとに深まって行く。それは同時に、OBサミットの深まりと比例しているかのようでした。

当時シュミットは、世界文化賞（日本美術協会主催）の国際諮問委員として毎年十月に来日していました。彼は「福田さんには、今後遠方への旅行はやめてもらおう」と言い、以降は、自身

福田の後ろにある「昭和の黄門さま」の肖像画。外国からの来客たちも楽しませた

の来日時に東京で執行委員会を開催する提案をしました。経費節約にもなるからと、二人の他は二〜三名だけ、会議は旧赤坂プリンスホテルにあった福田事務所での開催ということで、執行委員会は縮小されたのです。

海外の訪問者が福田事務所を訪れて、最初に驚くのは大きな福田の絵でした。そこには、時代劇で見る「水戸黄門」装束の福田の肖像画が……。そうです。当時福田は、江戸時代に「天下の御意見番」として有名だった徳川光圀、水戸黄門に擬されて、「昭和の黄門様」と呼ばれていました。

その絵の由来を説明されると、シュミットは、「世界の黄門様（The Honorable Komon of the World）と改名したら？」と、冗談めかして提案します。息子の病気に胸を痛めていた〝昭和の黄門〟は、その瞬間だけはとても喜んでいるように見えました。

## 社会党議員も参加させる

福田はその秋（一九九一年十月）のシュミットとの再会を、心待ちにしていました。ソ連邦の存在そのものの雲行きが怪しくなっており、世界情勢について、まずは盟友の意見を聞きたかったからでした。欧州の西側主要国である西独の首相を務め、金融や財政とともに、安全保障についても高い見識を持っていたシュミットの考えを尋ねてみたかったのです。

　すでに二人は、ソ連邦の崩壊は時間の問題だと読んでいました。事実、ソ連邦の崩壊は、二人の会合の二カ月後。したがって、翌年の総会のアジェンダの一つに「世界秩序の模索・生存の諸問題」を決めました。

　福田はシュミットに、「来年の会議には、自民党と社会党の議員を連れて行きたい」と提案します。

「貴方が社会党の人を？」

「そう。社会党の委員長で、チャンセラー好みの美人法律学者でもある」

「土井さん？　会ったことありますよ。でもどうしてまた？」

「ソ連が終わるとすれば、日本も変わらざるをえなくなるでしょう」

　福田の見事な読みでした。

「で、自民党からは誰を？」

「中山太郎といってね。医者出身だけど、私は獣医だとからかっているんだ」

「じゃあ、私が診察してもらうべき医者は、その人だ！」と即座に福田を笑わせたシュミット。

　福田は、認めている相手についてユーモアをもって表現するところがありました。小児科医出身の中山は、総理府総務長官・沖縄開発庁長官などを歴任していますが、福田とシュミットのこの会話があった直後には、海部俊樹内閣で外務大臣に任命されるなど、国際的な知見を備えた政治家の一人でした。

土井と中山をOBサミットに参加させたいと福田が言ったのは、自社さ連立政権発足の三年半前のことでした。当時は誰も想像すらできなかった政変です。しかし、福田の目にはその後の日本の政局展開が見えていたかのようです。

それから四年近く後の村山政権の頃、病床にあった福田を見舞ったシュミットが、「あの時すでに、貴方には読めていたのですね」と、確認をするかのように福田に問いかけていました。福田はこれに対して、「自民党はこのままいけば地獄を見るとずっと言ってきましたからね」。強い批判的な言葉でしたが、忸怩たる思いと悲しみがないまぜになった、そんな表情でした。

## 福田赳夫、初めてOBサミットを欠席

冷戦時代には、米国の傘下で軍事独裁政権が多かったラテン・アメリカ諸国。彼らの一九八〇年代は、「失われた十年」といわれていました。天然資源には恵まれながら、社会経済的には停滞していたこの地域を考えようということで、九〇年代には同地域で年次総会がメキシコとブラジルの二回開催されました。最初が一九九二年のメキシコです。

首都のメキシコ・シティは、高地で薄い空気である上に、凄まじい排気ガスが蔓延するという公害のひどさが世界的にも有名でした。そこでメキシコ政府は、首都から二〇〇キロほど離れた保養地・ケレタロを開催地に選んで、OBサミットに参加する高齢の元首脳たちに配慮してくれ

ました。

珍しい南国の花に囲まれたホテルの周辺は石ころだらけの砂漠でしたが、空気は澄んでいました。しかし、プラハ総会のあと寝込んでしまった福田には、ドクター・ストップがかかります。確かに遠距離であり、且つ、多くの慣れない旅行者がお腹を下すメキシコは、衰弱していた福田には厳しいことが誰の目にも明らかでした。

ソ連崩壊後の最初の会議でもあり、米国から初めての大統領経験者であるジェラルド・フォードが参加するということで、多くを期待していた福田の無念さは見るに堪えないほどでした。「タケオが参加しないなら私も欠席」と言ってきたシュミットを、電話で「議長が欠席したら会議は成立しない。中山外務大臣も土井委員長も行くから頼む」と説得しました。土井たか子と中山太郎は年初にボンで開催された専門家会議に参加し、シュミットも二人が大いに気に入ったようでした。

シュミットは「それでは、手術がうまくいったと聞いたから、貴方の息子を代理で送ってください」と、前年見舞った横手秘書への気配りを示しました。自分のことよりも次男を心配していた福田。参加を強く望んでいた息子のためにも、「その方が彼にとって良いのかもしれない」と判断したようです。横手秘書は会議のあいだ中、命の灯火を懸命に燃やし続けながら、長旅の疲れも見せず奮闘していました。「父とチャンセラーのために」と。

このとき実は、シュミットも体調不良でした。現地でお腹を壊してしまったのです。そのせいもあってか、彼は最後まで不機嫌でした。現地の香辛料のきつさもアルコール度の高いテキーラも口に合わず、不機嫌さを助長していました。それでも会議中にどこか空席を見つけると、「彼もトイレに座りっぱなしか」と皆を笑わせる余裕はありました。

インターネットが普及していなかった三十年前のことです。昼夜が真反対のメキシコと東京で、福田はひっきりなしに電話やファックスをしてきました。「ミスター・フクダは、いつ休まれているのかな」と大勢が首を傾げた三日間でした。会議に出席し発言することはもちろん大切なことですし、福田やシュミットが会議の最中に見せた、寝る間も惜しむ仕事ぶりにはいつも舌を巻いていました。事務方ももちろん、寝ている暇がありません。しかし会議に欠席しているときに、地球の反対側から同じように寝る間もなく意見や提案、指示などを送ってくる福田のOBサミットにかける執念は、多くの参加者に感銘を与えました。

彼らは、「ミスター・フクダのいないOBサミットに意味があるのか」と嘆く始末。ついには閉会前に、福田を〝父〟と慕うナイジェリアのオバサンジョ大統領が、大きな鼻の穴を一層膨らませて、「福田さんの参加できない場所では、二度と総会を開催しないこと」という決議案を出し、なんと全員がそれに同意しました。

もちろん、福田不在を埋めるかのように、会議は様々な成果を生み出します。ここでは主に、ラテン・アメリカの諸問題——貧困、失業、格差等——が検討、分析されました。「安定したマクロ経済の環境なしには、貧困と社会問題に対処できない。また累積債務問題が解決されない限り、資金の再配分は不可能である」という現状認識から、いくつかの基本的な政策提言が出されました。

ラテン・アメリカ諸国政府に対しては、「貯蓄増大の努力」、「軍事費削減」、「保護主義的政策の放棄」、「教育制度の充実」、「民主主義の奨励」などの政策を勧告しました。充実した現実的な政策提言を出し、福田もシュミットも最後には胸をなでおろした、福田不在の年次総会でした。

しかしながらラテン・アメリカ諸国のその後の展開を見ると、こうした提言がうまく活かされたとは言いがたい状況です。もしこれらの提言の半分でも着手してくれていれば、と残念でなりません。チェコのハベル大統領のように、提言を素直に受け止める指導者の不在が、ラテン・アメリカ諸国の不幸だったとも言えるのではないでしょうか。

## 上海総会

一九九二年のメキシコ総会には、中国の元外交部長（外務大臣）の黄華が特別ゲストとして招待されていました。それはシュミットの、「天安門事件（一九八九年の民主化運動弾圧）で国際社会から痛烈な批判を浴び孤立していた中国がどうなっているのか、中国高官から直接聞いてみたい」という好奇心あふれる希望からでした。シュミットには、黄華を呼ぶもう一つの理由がありました。それは中国での総会開催の提案です。彼は、中国でのOBサミット開催は大変有意義なものになるだろうと考え、黄華に翌年の上海総会を打診するという目的を持っていたのです。

シュミットは、中国が二十一世紀には世界の大国になるとすでに確信していました。開催地として北京ではなく上海を考えたのは、福田の健康に配慮して日本に近いということもありましたが、やはり、「天安門事件の記憶が生々しい北京は避けるべき」という判断もありました。

シュミットの要望を北京に持ち帰った黄華からは、すぐに「熱烈歓迎」という返信が届きます。そこには、「特に、鄧小平が喜んでいる」とありました。鄧小平は当時すでに国家主席を引退していましたが、政治にはまだ大きな影響力を残していました。上海開催を聞いた福田は、「上海なら、ドクター・ストップのかかりようがない」とたいへん喜んでいました。そして、一九九三年五月。上海で総会が開かれます。

当時は鄧小平の「開放政策」が始まってからすでに十四年が経っており、中国経済は前進のさなか。しかし人民服を着た市民たちの（特に市街地の）交通手段は未だ主として自転車で、先進国からはほど遠い状況にありました。

そんな中、OBサミット上海総会には、開放政策を象徴するような豪華で真新しいホテル新錦江飯店が、宿舎と会議場として提供されました。円筒形の最新式高層ビルで、何もかもが世界の超一流ホテルと比べ遜色のない国営ホテルでの最初の国際会議でした。

福田夫妻には、最上階の何部屋も続く最高級のスイートが用意されました。同行した横手夫妻も同じスイートに泊まりましたが、それでも「広すぎて寂しいから」と、いろいろな人を次々に招き入れていました。「どれが自分の部屋へのドアだか、さっぱりわからない。こんなに広いとかえって面倒」と、福田はいくつもあるドアに最後まで戸惑っていました。

## 「最高の議論！」

上海総会には、二十世紀後半の世界の政治指導者たちの中でも、考えうる最高の知性が参集しました。福田が参加したG7サミット時代の仲間は、米国とイタリアを除いた全員――福田、シュミット〈西独〉、ジスカール・デスタン〈仏国〉、ジェームス・キャラハン〈英国〉、ピエール・トルドー〈加国〉。加えて、シンガポールのリー・クアンユー元首相や米国のヘンリー・キッシンジャー元国務長官など知の巨頭たちが参加し、福田をいたって上機嫌にさせていました。

このまばゆいほどの指導者たち全員が、口には出さなくとも、中国のその後の進展に深い関心を抱いていたのは明らかでした。それぞれの多忙なスケジュールを調整して、上海に飛んできたのです。

会議では中国を代表していた、上海出身の朱鎔基《しゅようき》（当時国務院副総理）の知性も光っていました。中国の現状を理路整然と語り、いかにも大人風ながら誠意あふれる対応に、「いずれ朱鎔基の時代がくる」と福田やシュミットをはじめ、ほとんどの参加者が感じたようです。

プレス、政府高官、外交団も入る開会式は、花園飯店で開催。二十世紀初頭のアールヌーボー的な内装が保存されたその建物は、上海にあった租界の名残りで、戦前はフランス人の社交クラブでした。開会式では現地政府代表の歓迎の辞に続き、福田とシュミットだけが演説するという、これまでの伝統を踏襲しました。

福田はいつものように地球人類問題解決への挑戦を訴え、「対話と協力」という新たな平和の時代を築くチャンスの到来を明示しました。シュミットもソ連崩壊後の世界の現状を見事に分析した基調講演で、聴衆を唸らせました。

クローズド・セッションでは、最初にシュミット議長が「ソ連邦崩壊の世界的影響を地域ごとに聞いてみたい」、と提案。三〇分ずつ分析するよう、欧州はジスカール・デスタン、米大陸はキッシンジャー、アジアはリー・クアンユーに振り分けました。三人とも即席とは思えない見事な論理と分析、予測で参加者を感嘆させました。

名誉議長である福田は、シュミット議長の手腕はもちろん、居並ぶ賢人たちの議論を聞き終えて、「イヤー、最高だったね！　こういう優れて知的な議論は、世界広しといえども滅多に聞かれるものではない。おかげで今日は、私の老いた脳も刺激されてよく働いてくれる」と終始ご満悦の様子でした。

## シュミットの欧州での盟友ジスカール・デスタン

これだけのメンバーが同時代に、しかも同じOBサミットという会議体で、同じ方向を向いて建設的な議論を重ねたことは、いま振り返るととてつもない幸運であったと思います。

フランスの元大統領、ジスカール・デスタンはシュミットと共に先進国サミットを創設し、ヨーロッパ統合に最も尽くした指導者です。彼も福田とは大蔵大臣同士の関係以来、長い付き合いでした。一九二六年生まれ。フランス国立行政学院卒業後、大蔵省に入省。一九五六年に下院議員に初当選。財務経済相などを歴任し、一九七四年から八一年までフランス大統領。大統領二期目を狙った選挙で敗退した後は、若き大御所として欧州統合を指導します。

大統領退任時のテレビ演説で退任の挨拶を終えて、ジスカールが静かに席を立ちます。ゆっくりとした哀愁ただよう後ろ姿をカメラは追い、そこでフランス国歌「ラ・マルセイエーズ」の曲が流れた場面は、今もフランスで感動をもって語られています。

貴族出身の大秀才で、長身、しかも所作が優雅過ぎた彼は、人々に馴染みにくい印象を与えがちでした。そんな彼を福田は、「ジスカールは、実はシャイなんですよ。育ちが良すぎるのでしょう」と、友人を庇うように説明していました。しかしジスカールは、庶民肌のシュミットとは生涯の大親友となりましたし、同じく質素な福田赳夫とも気の合う関係を最後まで維持しました。

福田は既述のとおり、一高・東大でフランス語やフランスの法律を学んでいましたので、ジスカールと会うときは、必ずうれしそうにフランス語で挨拶を交わしていました。またジスカールの理路整然とした議論を、「必ず詳細にメモを取るように」と事務局に指示していました。

そのようなジスカールもひょうきんな面を見せることがありました。

一九九〇年のソウル総会のレセプションで、当時の韓国国務総理・姜英勲《カンヨンフン》が福田三枝夫人に、美しい蘭とカスミソウのブーケを贈呈しました。それを手に持った三枝夫人に「何と素晴らしいブーケ！」とジスカールが讃えます。「お気に召されたのでしたら、どうぞ」と、三枝夫人はジスカールにプレゼントしました。ジスカールは遠慮しますが、三枝夫人はジスカールが喜ぶならと、押し切って渡したのです。もちろん三枝夫人もきれいなブーケに感動していましたし、姜首相の気遣いに感謝していましたが、いつも相手の喜ぶことを第一に考える人で、ジスカールが褒めてくれたことを喜び、蘭とカスミソウのブーケをジスカールに手渡したのです。

ジスカールはいったん中座しましたが、直ぐ戻ってきました。その胸には、コサージュに変身した美しい蘭とカスミソウが飾られていました。驚いた福田は口をアングリ。

「どうです、ムッシュー福田。ピエール・トルドーのバラより良いでしょう」

「いやー、その蘭は落ち着きどころをわかっていたんだね。最高の蘭が最高の人の胸にとは！」

と福田は、いつも生真面目なジスカールを笑顔一杯にさせました。

ジスカールは孔子の論語をよく引用しました。

ソウル総会後に東京に立ち寄った時、「仁者は労苦を先にして利得をあとにする。仁とはそういうもの」という教えに福田が従っていること、それが彼を優れた指導者にしたのだと語ってい

蘭とカスミソウのブーケが貴婦人の手から紳士の胸へ

ました。ちなみにジスカールは、全く同じ論語をその二十五年後、シュミットの九十五歳誕生日にも贈りました。ジスカールにとって福田とシュミットは、指導者として同じ資質、「仁」を備えているように見えたのでしょう。

ジスカールは二〇二〇年暮れ、コロナ感染により九十四歳で亡くなりました。ヨーロッパ人の夢であった欧州統合が、夢ではなく実現したことは、本人もおおいに満足していたことでしょう。

## 鋼のようなリー・クアンユー

上海総会にも出席したシンガポールの元首相、リー・クアンユー。OBサミットのアジアでのメンバーで、福田と並んで国際的に知られていたのはリーでした。シンガポールでは「建国の父」と尊敬されています。

一九五九年から二〇一一年までの半世紀以上、シンガポールの実質的指導者でした。その間、同国を「資源も水源もない貧しい後進国」から「アジアで最も豊かな近代国家」に仕上げたのです。シンガポールの今日の一人当たり国民所得は、六万七〇〇〇米ドルを超えています。ちなみに二〇二一年末で、日本は約三万九〇〇〇ドルです。シンガポールはアジアでダントツのナンバーワン、世界でも極めて上位に位置しています。

そんな国を半世紀でつくりあげたリー・クアンユーは、一九二三年、華僑の四世として英国植民地シンガポールに生まれ、その後英国のケンブリッジ大学で法律学を、ロンドン経済大学で経済学を学び、最優秀の成績で卒業しました。優れた学識と教養、そして堪能な英語力で西欧の指導者たちと深く理解しあえる関係を維持していきます。

第二次大戦中、シンガポールも日本軍に占領されました。リーも日本軍の残虐な行為を散々目撃し、苦しい生活を強いられました。それでもリーは、「忘れることはできなくても、学ぶことはできる」と、戦後の日本の復興と成長をつぶさに見て、倣うべきところは倣いながら、前向きな姿勢を維持してくれました。

福田赳夫とは外務大臣のとき以来の、やはり長い付き合いでした。

一九九三年のOBサミット上海総会で数年ぶりにリー夫妻に再会した時、福田が「〝ミスター・ジョニー・ウォーカー〟お久しぶり」と挨拶すると、「いや、それは私が福田さんにつけたニックネームですよ」とリー。

「痩身で、ハガネのように強く、活発で明るい。ミスター・ジョニー・ウォーカーのラベルには〝still going strong（まだまだ元気）〟とあるでしょう？　福田さんを見るといつも、あの山高帽子をかぶってスティックを持った彼を思い出すのですよ」

「リーさんも同じ。だから同じ名前を返しただけですよ」

さらに、リーの隣にいた夫人に対して、「奥様もお変わりなくてなにより。『私よりも頭の良い人は家内しかいない』といつも誇っていましたな、この旦那様は」と、女医でもあるミセス・リーにご挨拶。場が和む、ウィットに富んだ温かなやりとりでした。

リー・クアンユーは話題を移し、一九七〇年代後半、首相だった福田から支援を受けて大成功したシンガポールの石油化学工業について、福田に話し始めました。

「あの頃、シンガポールに石油化学工業を育てる能力があるなんて思った企業家などいませんでした。今日わが国には、東アジアで最も効率的な石油化学プラントがあります。それがまた多くの関連プラント群の種をまき、それらはアジア地域で最も競争力のある産業に育っています。〝ミスター・ジョニー・ウォーカー〟のおかげ」と心から福田に感謝していました。

別れ際にリーは、「もうすぐ九十歳におなりですね。でも首相はジョニー・ウォーカーのように〝still going strong〟日本、アジア、そして世界のためにまだまだ尽くしていただきたい。どうぞいつまでもお健やかに」と、年長者である福田に敬意を払っていました。「ありがとう。仰せのとおり〝still going strong〟だからご心配なく。貴方は完全に欧米式だけど、やはり儒教の行者だ」と英語を交えて応えていました。

「小さな国の偉大な指導者」と言われたリー・クアンユーは、晩年までシンガポールの政治のみならず国際的にも大きな影響力を持ちつつ、二〇一五年、九十一歳で亡くなりました。

## 「僧侶」と呼ばれたロバート・マクナマラ

他の主要メンバーが、どちらかと言えば大衆政治家的な要素を多少なりとも持っていたのに対し、米国のロバート・マクナマラ（元国防長官）とヘンリー・キッシンジャー（元国務長官）は、謹厳な大学教授のような雰囲気を持った方たちでした。

マクナマラといえば、米国が敗退したベトナム戦争の責任閣僚として、米国内でも評価の割れる人物です。シュミットと福田は、もちろんそのことを承知していましたが、マクナマラがその後、世界銀行総裁として、初めて人口問題や環境問題に尽力した点に注目しました。

一九七四年、マクナマラが増資の依頼に日本を訪れたのは、福田が田中内閣で蔵相を引き受けた直後でした。マクナマラは日本の世界銀行への協力に謝意を伝え、さらなる融資も福田に依頼しました。「いやいや、こちらこそ。世銀融資がなければ高速道路も新幹線もできなかった。あの時のお返しです」と、福田は快く増資と融資増額に応じた経緯があります。

マクナマラは、一九一六年生まれで痩せていて長身。第二次大戦中は空軍士官として、後に本人が大いに悔いた東京大空襲にも参加。軍事目標ではなく〝なるべく多くの日本の民間人を殺す〟という空襲のやり方について、「非人間的行為」だと上官に抗議した逸話は有名です。一九九〇年のOBサミット・ソウル総会で、福田が一九四五年の東京大空襲で頭に大やけどし命拾いをした経験を語ると、「申し訳ない。私が送ったB29だったかも」とマクナマラが謝りました。

文字で書くと冗談めいた感じにとれますが、マクナマラは心底、反省しているようでした。すると福田は、「いや、君は僧侶のような御仁だから」と答えました。おそらく福田は、マクナマラの戦争に対する自責の念を知っていて、「あなたの気持ちはわかっているよ」と言いたかったのでしょう。また、質素な生活態度とも相まって、マクナマラを「僧侶」と表現したのだと思います。

以後、福田をはじめOBサミットでは、彼を敬愛して「Monk McNamara（僧侶マクナマラ）」と呼ぶ人も現れました。戦後、四十四歳で世界的自動車会社、フォード・モーター社長に上り詰め、その直後にジョン・ケネディ大統領から国防長官就任を打診されました。そのポストを引き受ける条件のひとつが、「社交界には出入りしない」だったそうです。

一九六八年、ベトナム戦争での戦線縮小を訴えて国防長官を辞任、世界銀行に移りました。世界銀行では飛行機はエコノミー、車は断るなど、質素だった点は触れましたが、仕事としては最貧困層の救済、人口問題、環境問題に打ち込みました。OBサミットでは、マクナマラらしい主張をよく行ないましたが、その中で一点だけ触れておきます。

マクナマラは、「冷戦の終焉がアフリカの最貧困諸国への注目を強化する機会をもたらしたはずなのに、競合する対東欧支援もあり、資金面での援助が事実上削減されている」と指摘しました。そして先進国からのODAの増大、民間部門の投資、繰り延べを含む債務救済、国際機関による援助の条件緩和等を提言し、アフリカ諸国には、軍事費削減を含む財政支出の見直しと人口増への対策等を推奨しました。

中でも人口問題に関しては福田が大いに賛同し、マクナマラは具体的な処方箋も含む提案を次々と出してきました。マクナマラも、福田と相通ずる人物でした。

## シュミットの弔辞を読んだヘンリー・キッシンジャー

ヘンリー・キッシンジャーはシュミットと大変仲が良く、シュミットによってOBサミットに招待されました。かなり高額の謝礼を払わないとこうした会合に出ないキッシンジャーでしたが、シュミットの誘いには快く応じていました。

初めて参加したプラハの総会では、「私は学者ではあったが、ヘルムート・シュミットから多くを学び、そのうちの一つが人口問題の重要性だ。それまで人口問題など考えたこともなかった」と語りました。それに対し、シュミットが、「私が人口問題に関してその重要性を学んだのは、こちらの福田さんからです。ヘンリー、常に上には上がいるものですよ！」。福田は嬉しそうに微笑んでいました。

キッシンジャーはユダヤ人で、一九二三年に独国に生まれ、ナチスの迫害を逃れて米国に渡ってきました。そのため、シュミットとはいつもドイツ語で話をしていました。英語は、シュミットの方が上手だったように感じました。

その後、ニクソン大統領のもとで国家安全保障担当補佐官、国務長官を歴任します。

国防大臣としてシュミットが最初に会いたかった米国人の一人がキッシンジャーだったそう

です。数十年に及ぶ友人関係となりました。キッシンジャーは「チャンセラー（シュミット）がいなくなったら、人生が面白くなくなるから私も生きていたくない」とまで公言していました。シュミットもキッシンジャーの戦略的頭脳をいつも絶賛していました。

二〇一五年にハンブルクで執り行なわれたシュミットの国葬において、弔辞を述べたのは、当時のメルケル首相とキッシンジャーの二人だけでした。シュミット自身の希望でした。

キッシンジャーは、マクナマラと毛色の違う徹底した現実主義者でしたが、自身の体験からか、その根本にはやはり、圧政や戦争で迫害される立場の弱い人々への目線が確実に存在していました。OBサミットへの参加は、彼のそうした一面が強く出たものであると思います。

## いずれ儒教に回帰する中国？

上海総会の話に戻りましょう。新錦江飯店のロビーには、見事な掛け軸や巨大な陶器の壺などが外国人の目を惹きつけていました。同じくらい注目を浴びたのが、中国服を優雅にまとった大勢の美人ホステスたちでした。

福田がシュミットに、「あの麗人たちは山東半島出身ですよ。あそこは、中国で一番の美人の出身地」と説明すると、シュミットも負けていません。

「山東半島は孔子が生まれた所でしょ？」

「さすがチャンセラー、よく御存知だ」

「未知の国へ行く時は、必ずその国の精神的伝統を勉強するのです。中国は何度来ても未知の国。今回は儒教の本を読んできました」

「西洋の賢人が東洋の聖人から学ぶ……か」と、話題はすぐに美女から儒教へと移りました。シュミットは続けます。

「ここでも、いずれ市場経済が浸透して、共産主義のイデオロギーが弱まると、儒教への回帰が起きてくるのでは、と考えているのです。人間誰しも、精神的バックボーンを必要としているのだから」

うなずきながら福田は、盟友の顔をまぶしそうに見つめていました。

## 二〇二〇年への警鐘

一九九三年の上海総会は、福田赳夫とヘルムート・シュミットがやがてくる「二〇二〇年」に的を絞って、人類にとって極めて重要な警鐘を鳴らした場となりました。三十年近くも遠い将来の人口予測値を示し、その人口増と地球環境の劣化が人類を極めて困難な状況に直面させる、と警告を発したのです。

今振り返ってみれば、この予測は「残念ながら」当たってしまいました。前述のように、二人はその数年前から連携して、人口増と環境破壊がもたらす危険を毎年訴え続けていました。福田が人口問題を指摘すると、シュミットがその結果として起きる環境破壊と地球への悪影響を説明するというパターンが、暗黙のうちにできていました。

二人は、まさに今日の環境活動家、グレタ・トゥーンベリの老人版だったのです。


以下は、福田の発言です。

「地球人類的問題の解決なくして、人類の未来はない。（世界人口が）八〇億人と予測される二〇二〇年、さらには百億人と予測される二〇五〇年に、我々の子孫たちはいかに生きるのだろうか。この危険は、いくら強調しても強調しすぎではない」

人口は二年ほど遅れて福田の予測値に達しましたが、その遅れはコロナ禍にも影響されたといえるでしょう。次にシュミットの発言です。

「リオ地球サミットから一年、世界ではほぼ何の行動もとられてこなかった。人類の存続に決定的であるこの緊急問題を考えると、実に恥じ入るべきことだ。地球温暖化と環境劣化に関する世界的な議論が、一年で消えてしまった。その間、協調的行動など何もとられていない。この分野でのグローバルなリーダーシップも不在だ」

「これから三十年以内に、温暖化効果が現実となることを、世界の政治指導者たちは理解すべきなのだ。地域差はあっても、世界が温暖化し、世界の大部分で気候変動が起き、海洋水レベルが上がることは明瞭だ。すべての大陸の低地や大河デルタ地帯で、深刻な大洪水などの自然災害が多発するだろう」

二人は、「この問題への対処を誤れば、人類は、二十一世紀にはほぼ制御不能な危機に直面することになるだろう」とも警告します。どの国も免れ得ない危機への、その対応の遅れ、あるいは対応の欠如は、取り返しがつかない結果を招くだろう、と警鐘を鳴らしたのです。

ここ数年の地球温暖化による世界各地の異常な酷暑、深刻な洪水や凄まじい自然火災、頻度と強度を増す台風や竜巻、さらに人類を恐怖に陥れたコロナ禍等々。これらの災難は、三十年昔の二人の警告が、全く正しかったことを証明しています。二人は、人類が地球と自然環境を意のままに略奪し、破壊することに対する自然界からの「報復」を、三十年前に警告していたのです。

重ねて言えば、彼らは二〇二〇年に地球を襲い、未だ完全には収束していないコロナ禍の惨劇と、未曽有の地球温暖化が引き起こす恐ろしい自然現象を予想していたのでした。世界は、二人の警告にもっと真剣に耳を傾けるべきでした。対応策をとるべきでした。地球環境にとって「失われた三十年」となってしまったのです。その長期間の放置によって、恐ろしい世界になってしまったのです。

## 「中国は軍事大国にならないでほしい」

OBサミット上海総会後、中国の江沢民（主席）が参加者全員を北京に招待するという、中国政府の計らいがありました。政府専用機で上海から移動し、北京空港では工場から出荷直後の高級車「紅旗」五十六台が参加者一人一人を待っていました。全員の北京滞在費も中国政府持ちという異例さです。

天安門事件が依然として尾をひいており、国際社会から孤立を余儀なくされていた中国。「何とかして、早く国際社会から受け入れられたい」という北京政府の願望が、痛いほど感じられました。

江沢民と参加者全員の会談は、圧倒されそうな巨大さを誇る人民大会堂で行なわれました。福田は、上海では触れず北京まで温存しておいた、ある考えを表明しました。

江沢民に面と向かうと、

「中国は、経済大国にはなっても軍事大国にはならないで欲しい」

と訴えたのです。

江沢民は、緊張した面持ちになり、こう応えました。「膨らんだ軍事費の大部分は人件費。軍の性格は専守防衛。軍事大国になる意図はない」。これは、中国政府の公式見解でした。

福田の脳裏には、あるいは近代中国建国の父・孫文の「覇道ではなく王道を」という言葉があったかもしれません。しかしその後の中国は、経済の成長と共に軍備を増大させており、福田の言う「対話と協力」が、周辺国にとっても一層重要性を増していると感じられます。

いずれにしても、その場を一種の社交的な、中国と友好を深める機会だと思っていたほとんどの参加者は、このときの福田の堂々とした態度に驚きを隠せませんでした。中国の最高首脳に、臆することなく注文を付けた福田の主張に、「鄧小平だったら、何と答えただろうか」と皆が議論をしていました。

しかし相手が誰であろうと、常に凛然と意見を述べるシュミットだけは、「福田ドクトリンの精神（軍事ではなく、経済や文化など、〝心と心のふれ合い〟）を、中国の指導層にも教えてあげましたね」と福田を讃えました。

「長い間温めてきた考えだからね」と福田は満足気でした。

# 第六章 心魂

病身をおして
東京総会で最期の獅子吼

1995年　東京総会（国連大学で福田赳夫最後の演説）

## 無言の長い握手

一九九三年秋の執行委員会は、シュミットの来日時に福田と二人だけで簡略的に行なわれました。ドイツ再統一から三年が経ち、シュミットは翌年の総会を旧東独のドレスデンで開催したい、と福田に相談します。シュミットは、「東独が西独に追いつくまで二十年はかかるだろう」と読んでいました。その旧東独の状況を、OBサミットの仲間たちに理解してもらいたかったのです。

しかし、福田の健康が心配でした。プラハの二の舞は絶対に避けねばなりません。また、前年のメキシコ総会での決議、「福田赳夫が旅行できない所では総会は開かない」もありました。

当の福田は、「エレベーターさえあれば大丈夫。今から気をひきしめておくから」と言い、即座に翌年の総会はドレスデンに決定しました。福田は「〝西のドレスデン、東の広島〟と言われるほど、第二次大戦の被害が大きかったドレスデンを見てみたい」と付け加えました。ドレスデンはドイツにおける古都でしたが、一九四五年二月の大空襲によって灰燼に帰しています。

開催場所が決まると、あとのことは事務局任せと、二人は直ぐ話題を変えています。シュミットはこの年の八月、八党派連立による非自民の細川護熙政権が発足し、自民党が戦後初めて野党に転落した政変について、福田に尋ねたいことがたくさんありました。

「自民党はいずれ地獄をみることになる」と数年前からしきりに心配していた福田。それが現実のものとなってしまったのです。

福田は政変の経緯を説明する間も、寂しさやむなしさを隠しきれないようでした。次男横手秘書の再入院という心配事も、追い打ちをかけていました。細川政権の話から横手秘書の話になるとシュミットは、「横手さんは快復するから大丈夫」と福田を励まします。

そこから話題は、互いの家族構成に移りました。

福田が自身の子や孫について話すと、「なんと、五人の子供と一一人の孫がいるなんて、貴方はとてもリッチですよ。私には娘が一人だけで、孫はひとりもいない」とシュミット。二人は以前、同じ年齢の娘たちの話をしたことはありましたが、子や孫たち全員の話はその時が初めてでした。

シュミットには娘のほかに、かつて息子が一人いました。

「実は、私にも息子がいたのですが、戦争中に乳児のまま喪ってしまって……」

「チャンセラーも？　私も戦争中に幼い息子を亡くしました」

福田は三男を、乳児の時に喪っています。戦時中のことなので、医療も大変だったようです。その場を静寂が支配しました。戦争中に子を喪うという、同じ悲痛な体験をした二人の絆がさらに深まっていくのを、同席していた人たちが感じ取った瞬間でした。

シュミットは別れ際に、「私たちはもう、何も言わなくても理解し合えますよね」と、温かい眼差しで福田に語りかけると、福田は照れ隠しのように、「やあ、ありがとう、サンキュー、ダンケシェン、メルシーボークー」と、四カ国語で感謝を示していました。人前でほとんど辛い顔をしない福田でしたから、その美学から、こういう言葉が出たのでしょう。私は心の痛みを隠す福田の様子に、思わず胸が締め付けられました。

二人は無言で、互いの温もりを確かめ合うかのように、長い長い握手を交わします。人生を終えようとする横手秘書に対する思いも入り、二人はいつまでも別れを惜しんでいました。

西側主要国である日独を率いた宰相経験者二人が、一個の人間として互いの温もりを感じながら、心を通わすその姿。打算も計算も何もない、あるのは深い信頼と友情と慈しみでした。

## 「仏教の経済学を書いたら？」

エルベ川沿いのドレスデンは、中世から「エルベのフィレンツェ」と呼ばれたドイツ芸術の中心地のひとつです。旧東ドイツの都市であり、近郊には有名なマイセン陶器の産地があります。ここで一九九四年六月、第十二回OBサミット総会が開催されました。

第二次世界大戦中には、連合国軍の大空襲で三〇万人以上が犠牲になったドレスデン。その後、部分的には復元されましたが、旧西ドイツの町並みに比べると、貧しさが一目瞭然でした。それが参加者たちに、「市場経済への移行に苦闘している旧東独」というイメージを与えたようでした。

福田は、新しく建設されたガラス張りの市議会議事堂で、開会の挨拶をしました。

「冷戦の終焉、または市場経済への移行という当面の問題とは別に、この〝資源有限時代〟をどう乗り切るかが、長期的には最重要な課題であることは確実です」と、ＯＢサミットで一貫して述べている地球人類問題を指摘し、「将来の子や孫たちのために大自然と物を無駄にせず、大切にすること」を訴えました。

それを受けたトルドーが、「資本主義とは限りない物質的欲望を具現化しており、社会公正と平等の概念が必要だ」と力説したことから、冷戦終結後、一人勝ちした資本主義についての議論が活発に展開しました。

福田は帰国後の報告（綜合研究所での講演）の中で、各国が個別に対処するだけでは解決しない問題がどんどん出てきているとし、「とにかく、世界全体が一緒になってやる仕組みがどうしても必要」という考えを意識しながら主張してきた、と述べています。確かに、福田の言葉は公式の基調講演でも非公式の話し合いでも、こうした考えを滲ませていました。自身の命が尽きる前になんとか目処をつけたい、そんな真剣さを感じました。

総会の昼食会でもこうした議論が続くなか、シュミットが突然福田に問いかけました。

「タケオ、仏教の経済学という考えをまとめてみたら」

彼は福田の東洋的な精神性の中に、ある種の合理性を感じ取っていたのでしょうか。あるいは、横手秘書を数カ月前に喪った父親を元気づけたかったのでしょうか。「私にはもう無理」と福田は、寂しそうに笑うだけでした。

「でもチャンセラーは何年か前にも同じことを言ってくれましたね。あの頃だったら、まだ元気だったけど、当時は忙しかったし……」

この場にいた私は、二人の会話を思い出すたびに、「ああ、私も、そして後世の多くの人が読んでみたい本になっただろうに」と、極めて残念な思いに駆られます。

## ロボットには価値観がない

欧米ではドレスデン総会の前年頃から、インターネットの一般的な使用が普及し始めていました。PCで直接受送信できるEメールも一般化しつつあり、総会でもそうした情報技術の進歩が話題となりました。

しかし、すべて手書きだった福田やシュミットに、これらは無用の代物のようでした。それでも、使うかどうかは別にして、二人は通信技術の目覚ましい進展がグローバル化を一気に進めるであろうこと、世界を一変させるであろうことを痛感していたようです。

シュミットは言います。

「たくさんの情報がすぐ入手できるのは良いが、テレビのチャンネルのようなものが、何十万、何百万になると言われている。そうなると多くの社会的には望ましくないものが視聴可能となり、危険です」

福田はこう考えを述べました。

「想像もつかない話だけど、必ずしも良いとは思えないな。インターネットとやらも知らないし、コンピューターもわからないが、科学技術の進歩が生活を便利にするのは確かだろうけど、マイナス面も露呈するだろうから、人間の精神面も考えないと」

「それなんです。例えば、ロボットに人間よりも優れた思考能力はつけられるだろうけど、感情は無理です」

「そう。価値観も無理。そういうものに支配されてしまってよいのかな」と、二人は技術進歩の負の面についても、語り合いました。

通信技術と経済活動のグローバル化が、人間社会の多くの問題をもグローバル化させてしまい、二十一世紀には大変な世界になるだろう、という話の流れの中、福田は、「そういったことへの対処を考えなければならないが、私には時間が無い。残念です」と寂し気につぶやいていました。当時福田は、八十九歳でした。

「貴方はあと十年は大丈夫」と、西洋の盟友は東洋の老人をいつものように温かく、励ましていました。

## 事務局の合理化

一九九四年秋の執行委員会も、シュミットの来日に合わせて東京で開催されました。翌年の総会は福田の健康に配慮し、東京で開催すること、テーマは福田にとって大事な「人口と食糧の均衡」一つに絞ることが決まりました。

高齢の福田としては、どうしてもかたづけなければならない、厄介な仕事がありました。その数年前からOBサミットは、国連出向組が担っていた事務局の放漫な運営から、財政難に直面していたのです。自分に残された時間を考え、OBサミットを財政的にも安定した組織として残しておかなければ、と考えていたのです。

福田はシュミットに、「人件費と事務所賃貸料が、とてつもなく高いニューヨークとパリの事務局を閉鎖したらどうか。それだけで赤字は解消する。主要メンバーのスタッフたちにボランティアで動いてもらえれば、機能すると思うのだが」と、事務局の改革について提案しました。

「それが良い。その中心を東京にもってきましょう。宮崎勇さんに事務総長、福田恒夫さんに財務局長を担ってもらえたら、申し分なし」とシュミット。

宮崎は元経済企画庁長官で著名なエコノミスト。福田の四男・恒夫は横手秘書の後任として、すでにドレスデン総会でシュミットから信頼され、信任を受けていました。のちに大和総研出身で元日銀理事の田谷禎三と外務省の兵藤長雄元ポーランド大使が加わります。東京事務局が誕生し、皆の努力で様々な改革が為され、財政もわずか二年間で立ち直りました。

「あのオールド・マン（福田）は、他の誰も手を出せなかったことをきっちり整理してくれた。この組織を永続させたかったのだ。彼の名誉のためにも、OBサミットがしっかり続くように頑張りましょう」

新しい事務局を激励した「オールド・マン」の盟友、シュミットの言葉を思い出します。

## 「普遍的倫理基準を」

組織の安定化に目途を付けた福田には、もう一つ何よりも重要な作業が残っていました。それは、二人がドレスデンで話しあった価値観の問題でした。

「情報技術の進歩が経済金融活動のグローバル化を早め、それが社会問題をもグローバル化させるという例の問題だが……」と福田は執行委員会で切り出しました。

「世界的に共通した倫理基準は考えられないだろうか？　心の問題と取り組むことが出発点ではないか？　政治家だけでは無理だから、もう一度世界の主要宗教指導者たちと対話してみたらどうか？」

シュミットも賛同します。

「確かに、世界の主要宗教や精神哲学には、共通の倫理観が流れています。そのような探索は実に壮大で、困難なプロジェクトになるでしょうが、宗・政の対話を何回か重ねて、可能性を探ることですね」

両者が長年求め続けた、「世界の主要な伝統宗教や哲学が共有する価値観の共通分母を確定し、成文化することに努力してみよう」という、野心的で先進的な取り組みについて、合意しました。

「でも福田さん。それには、貴方の叡智が不可欠ですよ。まだまだご健在でいてください」

別れ際に発したシュミットの言葉は、盟友への心からの願いだと感じられました。しかし彼には、福田の余命がもはや長くないことが、わかっていたようでした。

## 最後まで保った威厳

一九九五年は、日本にとって大変な年となりました。日本では年が明けて間もなく阪神・淡路大震災が発生し、三月には東京で地下鉄サリン事件が起き社会を震撼させました。経済面では「住専」（住宅金融専門会社）の破綻と、一ドル八〇円を割る超円高で、国民の間に先行きへの不安が広がっていきます。


ＯＢサミットにとっても、大きな運命の年となりました。

福田は、正月から風邪をこじらせて休んでいました。それでも、二月の専門家会議用の論文と五月の総会でのスピーチには、例年よりもさらに真剣に、文字どおり「命を削る」かのように病床で取り組んでいました。とりわけ五月の総会スピーチに対する熱の入れ方が、過去とは大きく違いました。

起草者が数人入れ替わり、最後の口述版にも福田自身が何回も赤字を入れる。これが最後のスピーチとなることが、彼にはわかっていたのです。

国連大学での開会式に、福田は和服姿で孫娘に付き添われ、車椅子で現れました。痩せ衰えたその姿。病床からの直行であることは、誰の目にも明らかでした。ステージの入口まで出迎えたシュミットに「やあ、チャンセラー。昨秋話し合ったことを頼んだよ。宗教者と政治家の対話を再開し、普遍的倫理を何とか形にしてください」。

その声は、シュミットを心底悲しませるほどか細いものでしたが、しかし同時に、福田の〝魂〟がシュミットに語りかけているように感じました。

「お約束します」。シュミットは短く、そして力強く、応えました。

福田の最後のスピーチは、聴く者すべての心に響き渡りました。

「五十年前に私たち日本人のみんなが廃墟の中でなめた苦しみを、いま世界で十数億人にも達するという貧困層の人々のそれと重ね合わせるとき、私たちはただ現状に感謝し、満足しているだけではすまされないのです」

「困窮している人々の生活を少しでも改善できる展望が持てるよう、最大限の協力をしなければならないのです」

その獅子吼はしかし、息切れが激しく、大変苦しそうで、「書いたものが配布されてあるから」と、中断せざるをえませんでした。それでも福田は、笑顔で参加者と聴衆に手を振りながら、車椅子ではなく、自分の足で壇上を去っていったのです。最後まで威厳を保った、〝世界のフクダ〟

盟友と最後の交わり（ＯＢサミットメンバーが福田に贈った言葉をまとめた「21世紀へのメッセージ」を手渡す）

渾身の力で本を高く掲げる福田

でした。その後ろ姿を見送る「世界の仲間たち」は、温かな眼差しとともに、言いようのない悲しみを抱いていました。皆それが、福田との「今生の別れ」であることを理解していたからにほかなりません。

帰り際に、シュミットから福田に、『二十一世紀へのメッセージ』（OBサミット実行委員会）と題された本が贈呈されました。それは、世界の指導者三十余名が、福田の九十歳を祝した賛辞をまとめた本でした。

社交辞令など微塵もない記述。でも福田は、それを手渡してくれた敬愛するチャンセラーの表情から福田賛辞集であることを察したようでした。嬉しかったことでしょう。

この本の中で、シュミットは自身のコメントを、こう締めくくっています。

「（福田赳夫は）私の終生の宝です」

## 福田赳夫の遺志

東京総会が終わって二カ月。一九九五年七月五日。福田赳夫はついに、旅立ちました。

最後に私が福田と言葉を交わしたのは、東京総会の開会式直前にシュミットがステージの袖で車椅子の福田を迎えたときでした。

福田はシュミットに「普遍的倫理を頼む」と言い、その直後に、「桂子さん、しっかりと頼むよ」

と絞るような声でおっしゃってくださいました。私は涙を堪えながら必死で「かしこまりました」としか返事ができませんでした。あの瞬間を、生涯忘れることはありません。

逝去は、当日福田恒夫さんから電話をいただいて知りました。「シュミットに知らせてほしい」という依頼も受けました。

覚悟はしていましたがショックで何も考えられず、ただひたすら「シュミットに電話をしなければ」と自分に言い聞かせ、ヨーロッパとの時差も忘れて、シュミットのオフィスに泣きながら何度も電話していました。未だ携帯電話が普及していない頃です。やっと電話はつながったものの「シュミットは外国出張中なのでファックスで連絡しておく」とのことでした。

翌日、シュミットより電話をもらいました。

「力を落とさないように。これからもタケオが望んでいたことに力を注いでほしい。福田夫人には、私からの哀悼の意を伝えてほしい」といった内容でした。

OBサミットのメンバーには、宮崎勇（OBサミット事務総長）の署名入りのファックスを流しました（当時はEメールを使っていない方も多かったので）。その間、フレーザー（オーストラリア元首相）、申（韓国元国務総理）、キャラハン（英国元首相）、トルドー（加国元首相）、ソルサ（フィンランド元首相）、黄華（中国元外相）その他多数の外国の方々から問い合わせの電話をいただきました。

これからどうなるのだろうか。正直、不安な気持ちになりましたが、私たちより悲しんでいるはずの福田恒夫、そして宮崎勇といった土台を支える人々から、「福田赳夫の遺志は、『ＯＢサミットが継続できるように頑張ってほしい』ということです」と励ましていただきました。

それにしても、生涯を賭けた理念と構想を、世界的に理解されうる形あるものにする時間がなかったことは、どれほど無念だったことでしょう。でも、盟友に後を託すことはできました。

シュミットは福田赳夫逝去から十年後、二〇〇五年に開催された福田赳夫生誕百周年記念講演で、次のように回顧しています。

「福田氏は、その生涯を閉じられる直前、私たちにあることを請願されました。『啓蒙されたすべての人間には、共通する道義的真理と普遍的倫理というものがある。これを、異なる宗教や政治思想に固執する人々にも理解され、受け入れられやすいように表現してもらえないだろうか』ということでした。それは極めて重く、実に深遠な課題でした」

シュミットは福田逝去後、直ぐに動きました。ＯＢサミットの仲間たちに、福田の遺志とそれを実現したいという自らの決意を伝えたのです。声をかけられた全員が、福田の切なる遺志を実現するために、シュミットの決意と努力に最大限の協力を約束しました。シュミットのこの固い決意がなければ、その後のＯＢサミットの展開はありえませんでした。

# 第七章

# 責任

「人間の責任に関する世界宣言」
世界で読まれる

「責任宣言」を決めた面々（1997年）

## 福田赳夫の後任は宮澤喜一

逝去前に福田は、自分の後任には大蔵省の後輩である宮澤喜一を、と決めていました。宮澤は福田とは派閥を異にしており、福田と争った池田勇人や大平正芳の宏池会に属していました。現役時代は競い合う存在でもありました。しかし、考え方や価値観が近い、ということもあったようです。福田逝去のあとシュミットが、「タケオの後任には宮澤喜一」とメンバーに提案し、全員一致で決定したという経緯もあります。

宮澤はすぐにオファーを受け、日本代表として参加した最初の会議、一九九六年五月のカナダのバンクーバー総会に臨みました。バンクーバーは、風光明媚なカナダでも特に美しい都市として有名です。開催中の五月上旬は、ハナミズキが町中で咲き誇っていました。バンクーバー湾に面した、新しく素晴らしいホテルが会議場で、参加者の宿舎でもあり、海と自然とに一体化したような雰囲気が参加者たちを喜ばせました。

宮澤が堪能な英語で財政金融問題に鋭く言及する姿勢は、多くの人々を驚かせました。そして彼のスピーチを初めて聞いたOBサミットのオールド・メンバーたちは、「どんなテーマでも対処できる人だ」と感心していました。

国際金融安定化の議論では、開発途上世界、金融システム、為替レートが中心でした。宮澤は「水を得た魚」のように、生き生きと議論を活性化させていきます。

例えば、開発途上世界への資本流入について、「資本流入の水準、通貨の構成と期間に注目しつつ、適切なマクロ経済への調整が不可欠だ」と宮澤は主張しました。参加者たちは目を丸くするばかり。「まるで、翌年到来したアジア通貨危機を予測していたかのような指摘だった」と、後に高い評価を受けたのです。バンクーバー総会で、宮澤とオーストラリアのフレーザーが新たな共同議長に選ばれました。

そして、数々の議論を経たバンクーバー総会の最終声明では、冒頭で、「世界の政治経済動向はグローバル化しているが、対応が不十分である」と、警鐘を鳴らします。

過去十年以上にわたってOBサミットが対処を訴えてきた環境、貧困、過剰投資、兵器の拡散、民族紛争、不平等などの諸問題が国際社会の安定を脅かしており、諸課題解決のための持続的、協調的な関心が必要であると続きました。さらに、「現在の社会の特徴は人間的利益やニーズの共通性であり、共通の対処こそが人間としての自信回復と人間的目標達成への機会をもたらす」と謳っています。

したがって、「今後繁栄する社会は、こうした新しい現実が求める洞察力や貢献を体現できる政府を持つ国々にのみ成立する。政治活動も価値観や選択と深く関わるものだから、倫理を政治や法律よりも高い位置に置かなければならない」と主張します。福田が参加していたのかと思ってしまうほど、〝福田イズム〟が生きているように感じられました。

あの頃から経済成長があたかも停止してしまったかのような日本の今の政治家は、このような勧告をどう受け止めるのでしょうか。

## 再び開催された宗・政会議

前述のようにヘルムート・シュミットは、福田赳夫の最後の願いを彼の遺言と受け止め、即座に動きだしました。そしてシュミットの指導の下、一九九六年と九七年に宗・政会議（宗教指導者と政治指導者の対話）を九年ぶりに再開します。

二年間の激しい議論と数度に渡る起草・修正を経たその成果は、九七年六月、「人間の責任に関する世界宣言（案）」としてオランダ・ノールトワイクで開催された総会に提出されます。ノールトワイクは北海に面するリゾート地。「三面が海の上」のようなガラス張りの会議室は参加者をリラックスさせ、責任宣言に関する長時間の激しい議論を苦にする人はいませんでした。

この総会には、米国のカーター元大統領も参加しました。モラリストとして有名なカーターは「人間の責任」という概念に深く感動したようです。

余談ですが、このノールトワイクに招待された中国の特別ゲストは、呉学謙《ごがくけん》（元国務院副総理）でした。驚いたことに、彼についてきた中国の役人が一〇〇名を越すという大集団。事務局は腰を抜かしました。どこに宿泊していたかはわかりませんし、会議に入れる人数は制限されていたのに、大型バス二台でどこにでもついてきていました。いろいろな見方ができましょうが、中国人の強い勉学心を感じずにはいられませんでした。

さて「責任宣言（案）」は国連での採択をめざし、国連人権宣言と同じスタイルで、十九条からなる条文です。当時、世界経済のグローバリゼーションが社会問題のグローバル化をもたらしている、という危惧が広まっていました。それに対してOBサミットは、「グローバルな問題には普遍的倫理規範が必要である」と発信しました。倫理と自己規制がなければ、人類は原始時代に逆戻りしてしまうだろう、と訴えたのです。それは福田赳夫が生涯唱えていた〈道義的価値観〉そのものです。

端的にいうと、「責任宣言（案）」は、一九八七年のローマ宣言の延長線上にあり、人類共通の倫理基盤を成文化させたものです。福田哲学の結晶と言っても過言ではありません。

## 古代より伝わる「黄金律」を掲げて

OBサミットは、世界の伝統的主要宗教に共通した倫理規範として、平和な社会生活を可能にする「黄金律」を掲げました。「黄金律」は複雑な倫理システムではなく、古代から世界の主要宗教や哲学に共通して存在してきた規範です。それは、「自分がされたくないことは他人にもしない」という教えです。

世界各地で約二〇〇〇～三〇〇〇年の昔、それぞれお互いの存在すら知らなかった預言者、聖者、賢者たち（例えば中国では孔子、孟子、老子、インドでは仏陀、西洋ではプラトンやアリストテレス、中東ではモーゼやキリスト等）が真剣に唱え、その弟子たちが連綿と受け継いできた倫理規範の真髄です。

〈責任宣言〉成文化までの二年間に、数多くの心に響く論文がOBサミットに提出され、その中には世界的な注目を浴びた発言も多々ありました。

例えば、コスタリカの元大統領でノーベル平和賞受賞者のオスカル・アリアスは、『責任を語る時がきた』と題する論文で、「権利は義務を伴う」と、次のように強調しました。

・自己の生命、自由、安全への権利に伴う他者の生命、自由、安全を尊重する義務。
・政治過程への参加権利に伴う、最良の指導者を選ぶ義務。
・公正で好ましい条件下で働く権利に伴う、最善を尽くす義務。
・思想、良心、信仰の自由の権利に伴う、他者の思想や宗教上の原則を尊重する義務。
・地球の恵みへの権利に伴う、地球と天然資源を尊重し、将来の世代のために配慮し復活させる義務、等々。

また、読む人、聞く人全員の賛同を呼んだのが、インドからの参加者が紹介したマハトマ・ガンジーの「七つの社会的罪」という格言でした。会議では多くの人々を感動させ、自己反省する良い教えとして自分の手帳に書き込む人たちがたくさんおりましたので、ここに紹介します。

それは、①原則なき政治、②道徳なき商業、③労働なき富、④人格なき教育、⑤人間性なき科学、⑥良心なき快楽、⑦犠牲なき信仰です。私は、福田赳夫が生涯唱えていた道義的価値観そのものだと感じました。

〈人間の責任宣言〉は、ＯＢサミットが発表した文献の中では、世界的に最も評価されたものでした。一般公表前に世界中から二〇〇名以上の指導者が、同案に賛同者として名を連ねました。そして瞬く間に一九カ国語に翻訳されて、今日も広く読まれ、支持されています。

## 旧戦勝国側からの反発

責任宣言はなんと発表の翌週、インドネシア政府によって国連総会へ提出されました。まったく異例の早さでした。

しかし当初の目的だった国連での採択は、残念ながら達せられませんでした。主な原因は西側の大国（第二次世界大戦中に連合国側だった諸国）が、「世界人権宣言（一九四八年国連で採択）を弱体化する」として猛烈な反対運動を展開したのです。しかし〈人間の責任宣言〉は、ＯＢサミットに対する「世界の道徳的権威」という評価をゆるぎないものにしていきました。

それにしても、なぜこの宣言に反対が出たのでしょうか。

反論の暗黙の根拠として、歴史的背景があることを指摘した人たちもいました。それは、「世界人権宣言」が第二次世界大戦直後、勝利した連合国軍諸国側によって、ナチスドイツと日本の軍部独裁への反発を背景とし、米国主導で国連採択に至ったという経緯があるからです。「我々連合国側が主導してつくった『世界人権宣言』の意義を薄めることは許し難い」という考え方。それゆえに、個人的にはＯＢサミットがつくった〈責任宣言〉に賛同しても、公的には支持を表明できなかった指導者もかなりいました。

しかし、簡単に国連で採択されるなどと思っていなかったシュミットは、落胆はしませんでした。翌年のＯＢサミット総会で、実現に半世紀もかかった欧州同盟（ＥＵ）を引き合いに出し、「こうした抽象的な概念が一般に受け入れられるためには、極めて長期にわたる努力と行動が必要とされる」と仲間を励ましました。

彼は、「国連総会で採択され、他の無数の決議同様に忘れ去られてしまうのと、恒常的に世界の人々の意識に訴え続けるのと、タケオだったらどちらを選んだろうか？」と、福田を引き合いに出して、繰り返しＯＢサミットのメンバーに問いかけました。答えは明らかでした。

ＯＢサミットは徐々に、〈人間の責任宣言〉との取り組みを国連から離れて、一般人を対象とした長期的な理念の普及運動に切り替えていきました。「人間の責任と普遍的倫理」という概念の広範な普及に努力を集中させていくことにしたのです。それはつまり、福田赳夫の長年の努力を続けることであり、悲願でもありました。

## 世界的バイオリニストから贈られた賛意

〈人間の責任宣言〉が意図したことは、世界の人々が平和に生きられるよう、人間の権利と責任を均衡させることでした。その根底には、「すべての人々と文化に適用できる価値観や倫理基準は、全人類の進歩への願望を、実現へと方向づけることができるはず」という福田とシュミットの信念が流れています。

どんな社会にも、〝無限の自由〟などありえません。もしある個人や政府が他者の犠牲をかえりみず、自分（自国）の自由を極限まで求めたら、当然、多くの人々が苦しむことになるのです。福田が若いころから唱え続けたように、もし人類が地球の天然資源を収奪しながら自らの自由を極限まで追求したら、将来の世代が苦しむだけなのです。

福田の思考に大きく影響されていたOBサミットのメンバーたちも、「倫理が集団生活を安定させうる最低限の基準であり、世界は、その上に拠って立つことのできる倫理的基盤を必要としている」と訴えたのです。

今日、ますます多くの社会で顕著になっている格差社会の諸問題を見るにつけ、この〈人間の責任宣言〉の考え方は間違っていなかったと感じます。すなわち〈人間の責任宣言〉が提案したのは、あらゆる文化と社会が遵守すべき理念と価値観に基づいた、普遍的な倫理規範でした。もっと平易に言えば、人間として誰もが守らねばならない当たり前の価値を基本にした、誰もが守れる規範です。これぞまさに、福田哲学でした。

その後、多くの国際機関や職業グループが同様の宣言を打ち出しましたが、ＯＢサミットの〈人間の責任宣言〉はその嚆矢と言ってよく、さきほども触れたように、こうした努力によってＯＢサミットは「世界の道徳的権威」として評価されるようになっていきました。無論、グループの目的は権威になることではなく、正しいことを広め、結果として評価を受けた、と言うべきかもしれません。

〈人間の責任宣言〉が巻き起こした賛否入り混じった論争のお陰で、同案を読む人が世界的に増大し、賛同者が増えていきました。事務局には八〇〇〇名近くの人々からの賛意が寄せられ、その中には政治家、学者、メディアの指導者たちも多くいましたが、一般市民からの賛同も沢山ありました。

代表的なものとして、一九九八年四月に、極めて深みのある意見を病床から寄せてくれた世界的バイオリニスト、ユーディ・メニューヒンの手紙からその一部を紹介します。

「私はこの〈人間の責任宣言〉の中に、人類の進歩に対する深遠な激励を感じ取りました。これは人間の尊厳を定義する最善の方法なのです。責任とは、各個人、グループ、または文化にとって、奪われてはならない尊厳です。上に立つ強者、責任ある人々が認識すべき価値であり、それが弱者の権利を強化するのです。責任ある者が責任を果し、弱者を護るのが正しい道なのです」

## 個人の正しい意思があれば世界を動かし得る

その後、世界中で〈人間の責任宣言〉について、多くの記事や著書が現れました。また、そのテーマでたくさんの国際会議も開催されていきました。そして多くのグループが、同様の宣言を特定の職業や分野に関して発表していきます。特に国連関係では、ユネスコ（国連教育科学文化機関）と国連難民高等弁務官事務所が共同で、『人間の義務と責任に関する宣言』を一九九八年に打ち上げ、世界人権宣言の五十周年を記念しました。

さらに二〇〇二年には中国の主導によって、国連経済社会理事会でOBサミットの〈人間の責任宣言〉を採択するよう決議案が提出され、アジアやアフリカ、中米の国々から支持されました。フィンランドの国会は、〈人間の責任宣言〉を功績として、OBサミットをノーベル平和賞に推薦。教育面では、一九九八年にオーストラリアのヴィクトリア州が、中学・高校の教科書に〈人間の責任宣言〉を導入し、その後同国の他州や他の国々も続きました。

支持者や賛同者も年々増加し、OBサミットを「世界の道徳的権威」と呼ぶ人々も増えていきます。繰り返しになりますが、福田やシュミットはじめOBサミットに関係する人々は、自分たちが権威になることを目指したのではありません。むしろその対極のような、人間としては慎ましやかな方たちがほとんどでした。でも、そういう人間、私から言わせていただければ、正しい人間が正しい認識をもって議論したからこそ、多くの人々の心に素直に届いたのではないでしょうか。この宣言は、とりわけ南アジア、東南アジア、東アジア、開発途上諸国から広く支持されていきます。

残念ながらOBサミットは、世界に積極的に公布するだけの資金的余裕を持ち合わせていませんでした。僅か数人のボランティアが支えていた事務局では、動きが取れなかったのです。そんな中、一九九八年十二月「インターナショナル・ヘラルド・トリビューン」紙に、OBサミットメンバー全員の署名入りで「人間の負うべき責任を考えるときが来た」という意見広告を出しました。すると、OBサミットのホームページへアクセスできなくなるほど閲覧が殺到。凄まじい反応がありました。正しい考え方には、多くの賛同が集まることの好例ではないでしょうか。

付け加えておきたいのは、この宣言を形にするにあたって、ごく限られた個人による熱意が根底にあったということを忘れないでほしい、ということです。言い方を変えれば、個人の強い、そして正しい意思があれば、世界を動かし得る、ということです。

多くの協力者を得たことは言うまでもありません。しかし、そうした協力者たち、世界の賢者や宗教指導者、経験豊富な為政者が集い、ほかの国際機関ではなかなか見られない「同じ方向に向かって、異なる人種・民族・心情・イデオロギーの人々全員が、私心を捨て未来を探る」ということは、彼らをまとめ、彼らを動かす「柱石」がなければ不可能なのです。その柱石自身が、まさに私心なく聡明で、誠実でなければ、いったい誰が継続的に協力してくれるでしょうか。

〈人間の責任宣言〉は、東西の二人の優れた指導者、すなわち福田赳夫とヘルムート・シュミットが共有した叡智、洞察力、価値観、人間愛と自然愛、歴史観と世界観、指導者としての責任感、世界平和への切なる願望、さらに人類の未来に関わる危惧なしに、完成されることはありえなかったのです。本章の最後に全文を掲載してありますので、ぜひご参照ください。

## 教育が経済成長の鍵

一九九八年、ブラジルのリオ・デ・ジャネイロ総会で、再びラテン・アメリカに焦点が当てられました。ラテン・アメリカ地域も、九〇年代には同時多発的に民主主義が育ちつつありましたが、構造的特徴だった貧困と格差問題は蔓延し続けていました。

リオは治安も悪く、危険だということで、事務局スタッフは昼間でも単独外出を禁止されました。しかし、垣間見る現地のブラジル人たちは底抜けに明るく、常に音楽とサンバを愛し、なんとか貧困問題を耐えているかのように映ります。

総会では、マルコム・フレーザーが「アジアの危機」にかなりの時間を割き、世界の現状については宮澤喜一が特に経済面から様々な指摘を行ないました。

ラテン・アメリカのセッションでは、厳しい指摘が相次ぎました。脆弱な民主主義が社会的不公正や環境破壊、そして失業を招いている。だからこそ、「ラテン・アメリカ諸国の挑戦は、競争と社会公正とを均衡させることであり、教育が経済成長の鍵である」という強い提言が打ちだされました。

教育が経済成長の鍵――。社会のシステムをいかに効率的かつ公正につくっても、運用すべき人間がその意義を十分理解し発展させなければ未来がない、ということです。ここにも、体制や宗教、民族の違いを超えた「普遍的な倫理」が必要である、ということが見て取れます。

その後二十年以上経っても、ラテン・アメリカ諸国に社会経済的な改善が顕著に表われているとは言いがたいのは、極めて残念です。

## 暴力で世界を変えることは不可能である

中東和平。近現代の世界の中でも、とりわけ大きな課題について、当事国はもちろん、超大国を含めた各国は長年にわたり真剣に取り組んできました。米国のビル・クリントン大統領もその一人です。しかしクリントン大統領が熱意をもって取り組んだ中東和平プロセスも、一九九九年には行き詰ってしまいました。

そのタイミングで、エジプトのカイロにて総会を開くことになったOBサミットは、この問題について複雑にからみあう宗教的側面を検証する専門家会議を、キプロスで開催しました。

同会議の結論は、「中東紛争の原点は宗教対立ではなく、領土・政治問題である。紛争当時者たちが自らの領土・政治的要求の正当性を強化するために、宗教を利用している」というものでした。そして、「紛争解決のために、暴力で世界を変えることは不可能であることを、当事者たちは理解しなければならない」と宣言しました。

そして相互寛容と尊敬、対話の重要性を強調し、「平和とは、恒久のものでなければならず、恒久的平和とはゼロサムゲームではなくウィン・ウィンなのだ」と断言したのです。相手を滅亡させることを目的に争い合うのであれば、永遠に平和は訪れない。寛容、尊敬、対話。複雑な利害や理念が絡む中東だからこそ、なおさらこういう精神が必要なのだと、ＯＢサミットは主張しました。

非常に困難な課題を話し合ったカイロ総会でしたが、その合間には、ピラミッドを背景にした砂漠での夕食会や、古代博物館訪問等もプログラムに組み込まれ、参加者は五〇〇〇年のエジプト文明の一端に触れるという、文化的な側面も堪能できたことに感激していました。

しかし悲しいことにその二年後の二〇〇一年、９・11同時多発テロによって米国が襲われ、多くの方が亡くなりました。そして米国はアフガニスタン侵攻を経て、二〇〇三年にイラク戦争に踏み切るなど、中東ではいまも依然として、戦争と破壊の惨憺たる泥沼にはまり込んだままです。五〇〇〇年の人類の歴史には、理不尽で不寛容な戦いが無数に起こりましたが、人類はいつ、その愚かさから目覚めるのでしょうか。

ちなみにカイロ総会には、シュミットとトルドーが病のため、そしてキャラハンは高齢のため出席できませんでした。福田赳夫亡き後のＯＢサミットを指導してきた重鎮たちの欠席が目立ち始めた総会でした。

## 開明的指導者像とは

二十世紀最後の年、すなわち二〇〇〇年、OBサミット専門家会議はハーバード大学のケネディ・スクールと共同で、〝二十一世紀の開明的指導者像〟を描きました。

「国民全体のプラスになる方法で社会を変えていく決意を持ち、その政策決定に透明性と責任説明を伴う政治家である」。この結論にテーマの提案者、マルコム・フレーザー議長（オーストラリア元首相）は、「まさに福田赳夫像だね」と、ニコニコしていました。

同年の第十九回年次総会は、六月にフィンランドのヘルシンキで開催されました。落ち着いた北欧の美しい白夜の最中でした。総会では、専門家会議の〝二十一世紀の開明的指導者像〟の結論に、「社会が求める倫理基準を備えている人物で、誠実かつ正直。信用に値することが責任ある指導者であり、それは選挙民との相互作用において不可欠な要素」と付加されました。さらに、「今日の世界の諸問題はグローバルだが、国家指導は国内問題に限定されがちなので、グローバルな問題が国内に影響を及ぼすことを国民に認識させることが、国家指導者にとって大きな挑戦である」ということも、最終声明で打ち出されました。

これには、ホスト役のカレビ・ソルサ（元フィンランド首相）が、「福田赳夫首相を思い出しながら、提案したのですよ」と語ってくれました。

ソルサはジャーナリスト出身。フィンランドに多い東洋的な面持ちで、相撲取りのような巨体のとても陽気な指導者でした。フィンランド史上最長の首相在任期間を誇りますが、単に長期政権を維持しただけではなく、フィンランドを福祉国家として確固たるものにした実績がありました。そして発言からもわかるように、ソルサも福田赳夫に心服していました。

こうした「あるべき国家指導者像」について、その必要性と重要性が二十一世紀に入ってから幾度となく証明されたのではないでしょうか。

なお、シュミットがかなり明確に「政治家はかくあるべき」ということを述べているので、付加しておきます。シュミットは、政治家の義務に関するカント哲学を彼なりに解釈して、以下のようにまとめています。自らも当然、可能な限りそれを守り続ける努力をしていました。

- 政治家には、前もって行動を考え、あらゆる可能な結末を客観的に判断する義務がある
- 政治家には、全ての利害関係を量る義務がある
- 政治家には、自己の目的である道徳性のみならず、手法の道徳性も念頭に置く義務がある
- 民主主義においては、政治家は自らの動機とその理由を明確にし、選挙民を説得しなければならない
- 政治家には、自らの行動の望ましい結果に対しても、望ましくない結末に対しても説明責任

がある
・政治家は、自らの失敗の可能性のみならず、全ての民主的決定も失敗する可能性があることを国民に認識させなければならない
・したがって、政治家には長い道のりの一歩一歩を、正しく判断しつつ歩む義務がある

カント哲学は、十八世紀の絶対君主時代に生まれたものでしたが、シュミットはそのなかに近代性を見出しました。つまりカントが「異なるイデオロギーを持つ人々も、倫理的目的のために共通の政治行動を取ることは可能だ」と考え、そのプロセスに関わりうる方法を提示した点です。「民主主義とはプロセスであり、国家ではない」というカントの主張を、自己に言い聞かせていたようです。

政界だけでなく他の分野でも、指導者の多くが、あるべき指導者像からかなり乖離している状態は人類の不幸です。

私は今日の状況を見るにつけ、福田赳夫がどれほど嘆いているだろうかと、考えこんでしまうことが多々あります。いえ、福田赳夫ならばきっと再び立ち上がって、飄々とした風貌に似合わぬ根の太い議論を、多くの盟友たちと国際的に展開し影響を与えていたことでしょう。

いま、福田赳夫ありせば。

以下は、「人間の責任に関する世界宣言」の全文です。

# 人間の責任に関する世界宣言

一九九七年九月一日　インターアクション・カウンシル（OBサミット）

## 序文

「人間の責任について語る時がきた」

世界経済のグローバリゼーションは多くの問題をグローバル化させている。グローバルな問題は、あらゆる文化と社会から遵守されなければならない理念、価値観、規範を基盤としたグローバルな解決策を強く求めている。すべての人々の平等かつ不可侵な権利の承認は、自由と正義と平和の基盤が前提となるが、それはまた、権利と責任とに同等の重要性が与えられ、すべての男女がともに平和に暮らし、持てる能力を十分に発揮できるような倫理的基盤を確立することも要求している。より良き社会秩序は、国内的にも国際的にも法令・法規や条約だけで達成できるものではなく、グローバルな倫理をこそ必要としている。発展への人類の希求は、いかなる時にも人々と制度に適用すべき、合意された価値観と基準によってのみ現実のものにできるのだ。

来年は、国際連合が採択した「人類の権利に関する世界宣言」の五十回目の記念の年にあたる。この記念の年は、世界人権宣言を補完し強化して、より良き世界に導く助けとなる「人間の責任に関する世界宣言」を採択するにふさわしい機会である。

後述の人類の責任に関する草案は、自由と責任の間に均衡をもたらし、無関心の自由から関わり合う自由への移行を求めるものである。もしもある個人ないし政府が他者の犠牲をかえりみず自由を極限まで求めたら、多くの人々が苦しむことになる。もしも人類が地球の天然資源を収奪して彼らの自由を極限にまでしたら、将来の世代が苦しむ。

「人間の責任に関する世界宣言」を起草する構想は、自由を責任と均衡させる方策であるだけでなく、過去を通じて敵対的なものと見なされてきたイデオロギー、信条および政治的見解を和解させる手段でもある。それは、権利のみへの固執は際限ない紛議と抗争に帰着しやすいこと、宗教的団体には自らの自由を主張するにあたって他の自由をも尊重する義務があることを指摘している。最大限可能な自由を目標としつつ、同時に自由そのものがさらに育つような最大限の責任感を生みだすことが、基本的前提であるべきだ。インターアクション・カウンシル(通称OBサミット)は一九八七年以来、人類の責任に関する倫理基準の起草を進めてきた。しかしこの仕事は宗教界の指導者たちや、責任を負わぬ自由は自由そのものを滅ぼすが、権利と責任が均衡すれば自由は力を増してより良き世界が創りだされるだろう、と警告した古来の哲人たちの英知の上に築かれたものである。

インターアクション・カウンシルは、以下の宣言草案を諸賢の検討に委ね、支持を請うものである。

## 「人間の責任に関する世界宣言」案

前文

人間家族全員に備わっている本来の尊厳および平等かつ不可侵な権利を承認することは、世界における自由、正義、平和の基礎であり、義務ないし責任を示唆するものであるので、

権利の排他的主張は、武力抗争、分裂および際限ない紛争に帰着する可能性があり、また人間の責任を無視することは、無法と無秩序を引き起こす可能性があるので、

法の支配と人権の促進は、公正に行動するという男女の意思にかかるものであるので、

地球的な諸問題は、あらゆる文化および社会によって尊重される理念、価値および規範によってのみ達成されうる地球的解決を要求しているので、

すべての人々には、その知識と能力の限り、自国と地球全体においてより良い社会秩序を育成する責任があり、この目標は法律、規定および協約のみでは達成できないので、

進歩と改善への人間の願望は、いかなる時にもすべての人々と組織に適用すべく合意された価値および基準によってのみ実現されうるものであるので、

よって、ここに、国際連合総会は、

すべての個人および社会のすべての機関が、この人間の責任に関する宣言を念頭に置きながら、共同体の前進とそのすべての構成員の啓発に資するべく、あらゆる人々とあらゆる国々の共通の基準として、この宣言を公布する。かくて我ら世界の人々は、すでに世界人権宣言が宣明している誓約、すなわちあらゆる人々の尊厳、彼らの不可侵な自由と平等および彼ら相互の連帯の全面的認容を、改めて確認し強化するものである。これらの責任の自覚と認容は世界中で啓蒙され推進されなければならない。

## 人間性の基本原則

第一条　すべての人々は、性、人種、社会的地位、政治的見解、言語、年齢、国籍または宗教に関わらず、すべての人々を人道的に遇する責任を負っている。

第二条　何人も、いかなる形にせよ非人間的な行為に支持を与えてはならず、すべての人は他のすべての人々の尊厳と自尊のために努力する責任を負っている。

第三条　何人も、いかなる集団もしくは団体、国家、軍隊もしくは警察も、善悪を超越した存在ではない。すべてが倫理的規範の対象である。すべての人は、あらゆることにおいて善を推進し悪を避ける責任を負っている。

第四条　理性と良心を授けられたすべての人々は、各々と全員に対する、すなわち家族と地域社会に対する、人種、国家および宗教に対する責任を、連帯の精神によって受け入れなければならない。自分自身が他者からされたくないことは他者に対しても行ってはならない。

## 非暴力と生命の尊重

第五条　すべての人々は、生命を尊重する責任を負っている。何人にも、他の人間を傷つけ、拷問し、または殺す権利はない。これは、個人または地域社会の正当な自衛の権利を除外するものではない。

第六条　国家、集団または個人の間の抗争は、暴力を伴わずに解決されるべきである。いかなる政府も、集団虐殺またはテロリズムを黙認または加担してはならず、また戦争の手段として女性、児童またはその他のいかなる市民も虐待してはならない。すべての市民および公務員は、平和的、非暴力的に行動する責任を負っている。

第七条　すべての人々は限りなく尊く、無条件に保護されなければならない。動物および自然環境も保護を求めている。すべての人々は、現在生きている人々および将来の世代のために、空気、水および土壌を保護する責任を負っている。

## 正義と連帯

第八条　すべての人々は、高潔、誠実および公正に行動する責任を負っている。何人もまたいかなる集団も、他人または集団の財産を強奪し、または恣意的に収奪してはならない。

第九条　すべての人々は、必要な手段が与えられているならば、貧困、栄養失調、無知および不平等の克服に真剣に努力する責任を負っている。すべての人々に尊厳、自由、安全および正義を保証するために全世界で持続可能な開発を促進すべきである。

第十条　すべての人々は、勤勉な努力によって、自らの才能を開発する責任を負っている。人間は、教育および有意義な仕事への平等な機会を与えられるべきである。誰もが、困窮者、不遇者、障害者および差別被害者に支援を与えるべきである。

第十一条　あらゆる財産と富は、正義に則し、人類の進歩のために責任を持って使われなければならない。経済的および政治的権力は、支配の道具としてではなく、経済的正義と社会的秩序に役立つように使われなければならない。

## 真実性と寛容性

第十二条　すべての人々は、真実を語り誠実に行動する責任を負っている。何人も、その地位がいかに高くまたいかに権限が強大であっても、偽りを語ってはならない。プライバシーと個人的および職業上の秘密保持の権利は尊重されるべきである。何人にも、常にすべての真実をすべての人に話す義務はない。

第十三条　いかなる政治家、公務員、実業界の指導者、科学者、文筆家または芸術家も一般的倫理基準から免責されず、顧客に対して特別な義務を負う医師、弁護士その他の専門職も同様である。職業その他の倫理規定は、真実性および公正性などの一般的基準の優先性を反映すべきである。

第十四条　公衆に知らせ、社会制度および政府の行動を批判するメディアの自由は、公正な社会にとり不可欠であるが、責任と分別をもって行使されなければならない。メディアの自由は、正確で真実な報道への特別な責任を伴うものである。人間の人格または品位をおとしめる扇情的報道は、いかなる時も避けなければならない。

第十五条　宗教的自由は保証されなければならないが、宗教の代表者は、異なる信条の宗派に対する偏見の表明および差別行為を避けるべき特別な責任を負っている。彼らは、憎悪、狂信および宗教戦争を煽りまたは正当化してはならず、むしろすべての人々の間に寛容と相互尊重を涵養すべきである。

## 相互尊敬とパートナーシップ

第十六条　すべての男性とすべての女性は、そのパートナーシップにおいて尊敬と理解を示しあう責任を負っている。何人も、他人を性的搾取または隷属の対象としてはならない。むしろ性的パートナーは、相互の幸福に配慮する責任を認容すべきである。

第十七条　あらゆる文化的および宗教的多様性の中で、結婚は愛情、忠実心および寛容を必要とするものであり、安全と相互扶助の保証を目指すべきである。

第十八条　賢明な家族計画は、すべての夫婦の責任である。親と子の関係は、相互の愛情、尊敬、感謝および配慮を反映すべきである。いかなる親も他の成人も、児童を搾取し、酷使またはは虐待してはならない。

結論

第十九条　本宣言のいかなる規定も、いずれかの国、集団または個人に対して本宣言および1948年の世界人権宣言に掲げる責任、権利および自由の破壊を目的とする活動に従事する、またはそのような目的を有する行為をする権利を認めるものと解釈されてはならない。

# 第八章
# 叡智

## 再び開催された宗教家と政治家の対話

亡くなる前に宗政会議の再開をシュミットに依頼する福田

## 激動と混乱の二十一世紀に入って

二〇〇一年九月十一日。この日、唯一の超大国となっていた米国へのテロ攻撃が行なわれ、多くの人命が喪われました。

まるで、その後の世界の激動を予感させるような、不気味で恐ろしい二十一世紀の幕開けとなりました。この惨事は、国際的な相互依存関係を単独主義的傾向によって歪ませ始めていた米国政権を、より極端な傾向に走らせてしまいます。まさに、「悪しき方向へ米国の世界観を変えてしまった」出来事でした。

二十一世紀最初の十年間の国際的な特徴をもし述べるならば、それは「テロとの闘いと米国の単独主義」と言うべきものでしょう。米国は9・11への反撃として、アフガニスタン戦争からイラク戦争へと、「対テロ戦争」を拡大していきました。それは「拡大」と言うよりも、〝泥沼にはまり込んでいった〟という方が適切かもしれません。

他方、国際経済の面では、規制をほとんど取り除かれた金融市場のプレイヤーたちによる、強欲なゲームが目に余るようになっていました。それに起因したともいえるリーマン・ショックが二〇〇八年に発生し、世界経済を混乱に陥れ、富の多寡を問わず多くの人々や地域を困窮させました。

この経済危機からの回復に大きく貢献したのは、世界第二の大国となりつつあった中国です。

経済の成長によって、中国は生産力のみならず購買力も格段に上がり、世界経済の重要なプレイヤーとしてその地位を確固たるものにしていくのです。

二十一世紀に入ってから、もう一つ誰の目にも明らかになってきた大問題が、「地球温暖化の脅威」です。史上最高の酷暑が年々更新され、凄まじい被害を強いる台風、竜巻、森林火災、洪水等の自然災害が世界の至るところで頻発するようになりました。

米国は、指導者がジョージ・ブッシュ（息子）からバラク・オバマ、ドナルド・トランプ、ジョー・バイデンと代わりましたが、国内の様々な分断や対立もあり、前世紀のような世界における圧倒的な指導力は発揮できない、という印象を与えています。これらに加えて、二〇二〇年以降のコロナ禍と二〇二二年のロシアによるウクライナ侵攻によって、世界はさらに不安定化していきます。インフレとエネルギー・食糧危機への憂いや恐怖が世界を覆っており、貧困国の国家財政破綻も生じさせています。

この時代の前半、ＯＢサミットを率い共同議長となったのは、既述のとおりマルコム・フレーザーと宮澤喜一でした。

二〇〇五年にはイングヴァル・カールソン（スウェーデン元首相）がフレーザーの後継共同議長に選ばれ、二〇〇八年の宮澤喜一逝去後は、ジャン・クレティエン（カナダ元首相）がその後継者として選任されました。

その後、二〇一〇年にカールソン共同議長が辞任し、フランツ・フラニスキー（オーストリア元首相）が後を継ぎました。なお日本からは二〇〇九年以降、福田康夫（元首相）がメンバーを務めました。

## 葛藤と奮闘の物語

ここからは、二十一世紀に入ってからのOBサミットを概観します。

その政策提言は徐々に影が薄くなり、注目度もかなり限定されていきました。最大の痛手は福田赳夫と彼の盟友たち（トルドーやキャラハン）の逝去でした。あのヘルムート・シュミットでさえも、年齢による衰えは如何ともしがたく、かつてのダイナミズムを徐々に失っていきました。

OBサミットの退潮の原因は、グループ全体の高齢化に加え、現役の政治指導者の世界的な劣化も指摘できると思います。冷戦時代の西側諸国では、各世代の最も優れた人材が政界入りし、頭角を現し、トップを極めていました。戦後の日本もそうでした。現役のすぐれた指導者が減ることはすなわち、OBサミットを構成する人材の枯渇にもつながっていくのです。

関係者の間でも、特にOBサミットでの福田赳夫全盛の頃を直接知る人たちからは、「OBサミットは役割を終わらせつつあるのではないか」という声が出始めておりました。ただし、勇気をもってそれを切り出す重鎮が現れるまでに、まだしばらく時間がかかります。結局、三十数年の伝統を誇った組織を終焉させる重責を担ったのは、創設者の息子である福田康夫でした。

本章には福田とシュミットの楽しくも示唆に富み、しかも哲学的だった私的会話はありません。それでもグループは、二十一世紀に入ってからも極めて有意義な実績を多く残しました。言い換えるなら、衰え行く組織の中で、懸命に福田赳夫が理想とした世界、あるべき未来を思い描いた人たちの、〝葛藤と奮闘の物語〟でもあります。

記録に値するいくつかを、ここに紹介します。

## 一国単独主義は抑制のきかない権力の行使に繋がる

9・11直前の春、すでにブッシュ新政権（二〇〇一～二〇〇九年）による米国単独主義傾向はたとえば京都議定書からの離脱宣言に象徴されるように、明らかとなっていました。

そんな中、二〇〇一年の第十九回年次総会は、一九九五年に起きた阪神・淡路大震災の爪痕もすっかり癒えた、穏やかで美しい瀬戸内海に浮かぶ淡路島で開催されました。

「冷戦の終焉はたしかに熱い戦争の脅威を終わらせたが、今我々が直面しているのは冷たい平和である」と、巧みに世界情勢を捉えたホスト役・宮澤喜一議長の基調講演があり、宮澤はさらに現代社会の道徳感・倫理観の喪失に、「指導者が無責任に動き、社会が倫理に無関心でいると、民主主義は発展せず、市場は沈滞する」と警鐘を鳴らしました。宮澤議長の危機感が、会議を支配していきます。

「単独主義は、ほぼ抑制のきかない権力の行使に繋がる」

各国が互いに信頼し協力をする。その中では当然、自国の主張のみを押し通すことはできません。もし各国が単独主義をとれば、それは最終的に世界の破滅をも意味する。その危機感を、宮澤議長の淡路声明は強い言葉で訴えかけました。

また、多国間協議の絶対的必要性も求められました。グローバル統治、すなわち世界で起きる問題や課題を、国境を越えて解決していくには、国連、地域機構、市民社会を対象にした仕組み作りと機構改善が必要であると、呼びかけたのです。各国政府に対しても、相互間の協議と協力を訴えました。

しかし残念なことに、これらの提言は米国から完全に無視されました。のみならず、淡路会議から半年もたたないで発生した9・11の惨事が、米国にさらなる単独主義強化の道を開いてしまったのです。

## 大国による国際法の蹂躙

そこでOBサミットは、二〇〇二年の第二十回ベルリン年次総会以降、国際法に重点を置くようになります。国際社会に対しては、「9・11の悲劇に対する米国の反応には理解を示すよう」訴える一方、テロリズムに反撃するためとはいえ、米国の完全な単独主義的手法の危険も指摘しました。さらに国連の重要性を強調し、人道的見地から行なう軍事介入のための明確な基準を確定し合意するよう、呼びかけました。

米国の気持ちはわかる。しかし、超大国である米国単独の力の行使は様々な波及効果を生み、しかも歯止めがききにくい。国連も、誰が見てもわかる軍事介入の基準を設けなければ、事態の予想外の悪化を招くことになる。つまり、国際法や国際的な制度を遵守せよということです。「法の支配に基づく国際制度は、最強の大国を含むすべての国家のためになり、権力は正当性を維持するために法に従うべき」という強い確信があったからです。

そうしたメッセージの意義を痛感させられたのが、二〇〇二年六月に開催された ベルリン総会で、シュミットが招待してくれたポツダム訪問でした。エルベ川を船で上ったその半日観光は、参加した日本人に極めて深い印象を与えます。

あの、日本に降伏を呼びかけたポツダム宣言が発せられた地。宮澤喜一元首相以下、その場にいた十数名の日本人関係者がポツダム宣言を、そして「あの戦争は何だったのか」について、改めて考えさせられたのです。

二〇〇三年の第二十一回モスクワ年次総会でも、国連加盟諸国に対して、「正真の安全保障は集団的な行動を通じて確立しうること、国際機関の尊重、そして何よりも紛争の平和的解決へのコミットメント」等を勧告しました。

モスクワの様子は、共産圏末期の一九八八年よりは大幅に改善されていました。しかし依然として市民生活は困窮している印象を受けました。その中で、新たに芽生えた資本主義を巧みに利用し成り上がった新興成金風の人々も目立ってきていました。

二〇〇八年の第二十六回年次総会は、白夜に輝く美しいバルト海に面したストックホルム郊外で開催されました。「国際法の復活」というテーマで、法的・政治的・人道的側面から、ここでも国際法が検証されました。そして、「人類が直面する挑戦は、法に基づく国際システムの中で多国間解決策を通じて対処されるべきだ」という声明が打ち出されます。

これまで見てきたように、OBサミットが「多国間」や「話し合い」を強調し続けたのは、それが国際問題を解決するもっとも理にかなったやり方であると、確信していたからです。

第二次世界大戦前夜を知る福田赳夫が獅子吼し、同じ時代を生きた指導者たちが呼応し、大きなうねりとなって世界に協調が生まれた頃とはまったく別世界のような、忠告に聴く耳を持たぬ指導者たち。それでも、福田赳夫の遺志を継いで声を挙げ続けなければならないと、OBサミットは孤軍奮闘を続けます。

悲しいことに、その後の世界は福田やシュミットの思い描いた理性的なものではなく、真逆の方向に動いているように思えてなりません。特にドナルド・トランプ政権下（二〇一七～二一年）の米国では、こうした意見は完全に無視され続けました。

国際協調を打ち出したバイデン政権（二〇二一年～）には期待が寄せられましたが、他方ではロシアのウラジミール・プーチンによるウクライナ侵略（二〇二二年）でも明らかなように、大国による国際法の蹂躙が続いています。

## 核兵器廃止

前述のように、創設以来一貫してOBサミットは核軍縮を訴え続けました。冷戦終結後も核兵器保有諸国に対し、核兵器不拡散条約（NPT）の義務に従い、冷戦時代の遺産を放棄するよう求め続けたのです。核兵器の拡散が明らかとなった二〇〇三年の第二十一回モスクワ総会と、その二年後に米国で開催された第二十三回スタンフォード大学年次総会では、米露が核超大国ということからも、特にこの厄介な問題に取り組みました。

モスクワ総会では、世界に向かって、「核兵器は極めて危険かつ不法であり、道徳的に受け入れられないことを再認識すべき」と主張します。スタンフォード大学でも、「すべての核兵器排除のために、核兵器不拡散条約の第六条を達成するように」と改めて呼びかけました。

核兵器に関する無知は破滅的な結果をもたらす。だからこそ、軍縮と不拡散に関する教育が重要であるとも主張しました。

そして二〇一〇年に、核兵器最初の犠牲地である広島で、第二十八回年次総会を開催しました。広島に原爆が投下されてから六十五年目という、節目の年でした。

この総会の二週間後には、五年ごとに国連で開催される核兵器不拡散条約（NPT）五カ年再検討会議が催される予定もあったことから、広島会議では核問題　点に焦点を絞りました。

このとき、印象的なことがありました。

総会中に原爆記念館を訪れた外国からの参加者たちが、顔面蒼白になったのです。また、見学に参加した外国人たちの多くが、好きな日本食も喉を通らなくなってしまいました。今もありありと思い出します。やっとわかってくれた、いや、わかってくれるだけではいけない、「皆さんの今の気持ちを、世界のために、そして未来のために」ということを、願うばかりでした。

ところで、広島会議の数年前から米国の四人の政治家、ヘンリー・キッシンジャー（元国務長官）、ウィリアム・ペリー（元国防長官）、サム・ナン（元上院議員）、ジョージ・シュルツ（元国務長官）が反核兵器を強力に訴えていました。彼らは自らを「ギャング・オブ・フォア（ニュアンスとしては「志を同じくする四人の仲間」）」と称していました。

広島総会に向けて、七カ国のOBサミットメンバーたちも、それぞれ自国で閣僚クラスによる「ギャング・オブ・フォア」を称するグループを自然発生的に結成しました。オーストラリア、カナダ、ドイツ、イタリア、スウェーデン、イギリス。日本では福田康夫、村山富市、河野洋平、宮崎勇でした。

全てのグループが、核兵器禁止とそのための緊急行動を訴える道義的声明を出したことが広く歓迎されます。また、最終声明とは別に、特別に〈広島宣言〉が発表され、次世代の子供たちに安全な世界を残すためにいくつかの重要な提言を発信しました。それには、

①核兵器廃絶を目指す包括的核兵器条約の構築
②核兵器の即時発射体制からの解除
③核兵器保有諸国による非先制攻撃政策と非保有国への核兵器不使用へのコミットメント

などが含まれています。残念ながら、国連の再検討会議では合意書すらまとめられませんでしたので、これらOBサミットの提言も採り上げられず、日の目を見ることはありませんでした。しかし、OBサミットは反核兵器の提言をあきらめません。翌年のカナダでの総会でも、また翌々年の核保有国である中国の天津総会でも、引き続き核軍縮を強固に訴え続けたのです。

## 正義と尊厳のある世界

9・11同時多発テロの惨劇、その後の混乱と秩序崩壊への恐れ、そして「報復的」イラク戦争の可能性が高まったことから、OBサミットは二〇〇三年三月にインドネシアのジャカルタで、宗・政会議（主要な宗教家と世界の政治指導者による対話）を開催しました。

「分断に賭ける橋」というタイトルで発表された〈ジャカルタ宣言〉は、同年六月開催のモスクワ総会でも採択されました。その主旨は、

・あらゆる暴力とテロの宗教的正当化を拒否する

・世界の指導者たちは異なる宗教と人種間の分断を埋めるべき
・各国は公正・均衡・平和達成のための最適手段として国連と協働する
・人間の普遍的価値と基本的倫理規範を認識する
・あらゆる宗教と政治的イデオロギーに極端主義が見られることを認識し、自国の国境内外での分断を埋める努力をする

まさに、「分断してはいけない」「分断をさせないために動け」というものでした。

〈ジャカルタ宣言〉の原文は英語でしたが、瞬く間に一二カ国語に翻訳され、世界的な反響を呼びます。しかしイラク戦争を始めた米国からは当然のように、完全に無視されてしまいました。

二〇〇六年にはヨルダンの死海で第二十四回年次総会が開催され、イスラム世界と西側世界の複雑な関係を検証しました。そこでは、「倫理規範、あらゆる命の尊重、相互敬意・寛容・理解が、個人間でも国家間でも、人間としてすべての関わりの基盤にあることを再確認すべきである」という声明が出されます。

寛容で、互いに認め合おう。それが人間としても国家としても、すべての基本にあるということを忘れずに——。

さらに、主要宗教間が相違点にとらわれるのではなく、共通点を強調するためにも、宗教間対話を再び行なうべきだとも勧告しました。対話をすることで信仰、文化、資源の分かち合い等の

問題についても、西側とイスラム世界間で理解を促進しうるという信念があったからです。

その究極の目的は、「文明の果実をすべての人が入手できるような正義と尊厳のある世界」ということです。

会議の間を縫って死海で泳ぐ、というよりも浮きに行って愉しむ参加者もいましたし、ペトラ遺跡をヘリコプターから見るという、ヨルダン国王からの招待を満喫した人たちもいました。しかし、そうした余暇の合間にも、西側とイスラム世界の相互理解というテーマは、参加者たちの胸中から消えることはありませんでした。

## アラブ穏健派からの高い評価

二〇〇七年にOBサミットは、前年のヨルダン総会の提言を実施するために、宗・政会議をドイツのチュービンゲン大学で開催しました。中世から抜け出したようなチュービンゲン。神学研究の中心地であり、大学都市らしい落ち着きと教養深い雰囲気のある町並みは、参加者たちを魅了しました。ここでの結論は、

・すべての主要宗教に共通した中核的倫理規範は、世界市民の基盤である

・宗教者は政治家による宗教の悪用と、政治的目的のための利用を拒否する

・将来の世代のための地球保護と、生命尊重のための環境保存を強化する

これらは同年の第二十五回ウィーン年次総会でも採択されます。

またこの年は、一九八七年に福田赳夫が開始した宗・政会議の二十周年にあたることから、OBサミットはカナダのクイーンズ大学と共同で、二〇年間に開催した宗・政会議シリーズの結論や提言のすべてをまとめ、『分断にかける橋：宗教間対話と普遍的倫理』というタイトルで英文の本を出版しました（Bridging the Divide: Inter-religious dialogues and Universal Ethics）。

ところで、二十一世紀に入ってからのこうした一連の宗・政会議の結論と提言は、アラブの穏健派から「公平で偏っていない」と評判になりました。そしてこれらを高く評価したサウジアラビアの故・アブドラ国王の主導で、二〇一三年、「宗教間対話センター」という国際機関がウィーンに設立されたのです。血なまぐさい紛争が続き、OBサミット等からの提言も無視されがちな国際社会にあって、このことは小さくない成果と言えます。「宗教間対話センター」は現在も、主要宗教間の相互理解促進に努めています。

## 金融危機

二〇〇八年は、一九三〇年代の世界恐慌以降の歴史の中で、最悪の世界的不況に陥った年と

なってしまいました。長年にわたって「金融市場の監督が不十分だ」と指摘し、それが引き起こす危機を予見してきたシュミット名誉議長は、リーマン・ショック発生前の六月に専門家会議を招請しました。ハンブルクで開催された「国際金融市場の管理」をテーマにした会議は、近い未来に必ず発生するであろう危機に対して、次のような包括的な提言を打ち出しました。

・米国の消費者は貯蓄し、新興市場の消費者は消費すべきこと
・米国における全体的な規制制度の必要性
・債務総額の緩やかな削減および、強力な緩衝措置と緩和策の導入
・未規制組織・機関の透明性強化
・無秩序で危険なヘッジファンドや格付け機関の規制
・簿外資産ではなく資本要件の強化
・非課税市場の撤廃
・企業のインセンティブ制度を監視下におくこと
・金融教育のグローバルな取り組み実施

でした。「米国の消費者は貯蓄せよ」などとは、米国民からすれば余計なお世話という感じかもしれません。しかし現実は、まさにこの提言が示す通り、こうしなければとんでもないことに

なるのは目に見えていました。実際に二〇二三年現在も銀行危機はくすぶっています。「人が欲望のままに我欲を追求することを見直し、各国政府は責任ある監督を行ない、経済的弱者が困窮しない策を考え、あるべき金融の姿を知らしめる」ということを、より具体的に示したのがこの提言です。老いたりとはいえ、優れた経済眼と人間哲学を併せ持つシュミット名誉議長のもと、参加者はみな同じ危機意識を共有し、提言をまとめました。そして、白夜で美しいストックホルム郊外で開催された第二十六回年次総会で、それは採択されました。

残念ながらシュミットの予想は当たってしまい、四カ月後にリーマン・ショックが発生。さすがにこの時には、「あのときのOBサミットの提言にもっと注意を払うべきだった」という声が欧米で多く聞かれたことを、特に記しておきたいと思います。

私が申し上げたいのは、「OBサミットはすごかった」ということではありません。人はどれだけ良い提言、役に立つ注意を受けても、痛みを感じてからでないと理解をしてもらいにくい、ということを痛感したのです。もう一つは、たとえ聞き入れられなかったとしても、正しいことだと信じて懸命に人々を説諭し続けることこそが、真の知性であると思うのです。

すでに読者の皆さんにはおわかりかと思いますが、福田赳夫やヘルムート・シュミットはそういう人間でした。そして、彼らに共鳴する指導者たちが、世界を協調と平和に導いていったのです。つまり、真の知性と正しい価値観の持ち主が一人でも多くこの世界に存在すれば、それだけ世の中が正しい方向に動く、ということです。多くの指導者が福田赳夫やヘルムート・シュミットのような、真の知性と正しい価値観の持ち主であってほしいと願うばかりです。

## G8拡大を提言

ストックホルムでの会議は、議場も宿舎も、美しいバルト海に面したスウェーデン労働組合の保養施設でした。議長のカールソン元首相が社民党員だったことから、使用可能となった施設でした。北欧独特の狭い部屋と質素な設備に戸惑う参加者もいましたが、皆、会議の内容の豊かさ、周りの自然の美しさ、そしてバルト海クルーズ等に圧倒されていました。

とりわけ、毎年ノーベル賞贈呈式が行なわれる国会での開会式は、参加者を喜ばせました。このとき宮澤喜一の逝去を受けて、ストックホルム会議に日本から出席したのは、森喜朗（元首相）でした。総会では、さらに政策提言として、

・中国、インド、サウジアラビア、ブラジル、アフリカ諸国を含めて、G8を拡大すること（当時は未だロシアがメンバーでしたのでG8）
・金融機関の適正な自己資本比率の回復、国際金融市場の監視と運営に向けた勧告の提案を、ＩＭＦに委任すること

などが打ち出されました。G8を拡大する案は、その年の秋、リーマン・ショック後にG20(二〇カ国の首脳と財務大臣による世界経済運営に関する会合)として実現することになります。

二〇〇八年のストックホルム総会でもう一つ注目すべき点は、世界二十カ国から二十〜三十代前半の優れた若者を招待し、首脳経験者と専門家たちの議論を傍聴させ、論文を提出してもらう「ヤング・リーダース」を開催したことです。大変有意義な試みで、若者たちは元首脳たちから多くの称賛を受けました。

彼らはその後も連絡を取り合い、それぞれの国で活躍しています。元首脳たちの息吹を感じ、あるいは老いてなお世界を憂う意気を感じることは、若者たちにとって大きな刺激になったことでしょう。

一人の人間が世界を変えることはできませんが、世界を変えようという一人一人の人間が集まれば、世界は良い方向に向かうことができる。OBサミットメンバーたちのそんな思いを受け取ってもらえたのではなかろうかと思っています。

このプログラムもその昔、福田赳夫が唱えていた「若い人たちへの教育の重要性」から出てきた発想であったことも、付け加えておきます。福田の若者に向ける視線はいつも温かく、相手がどんなに若い人でも真面目な質問には真剣に答えていました。福田は若者に未来への希望を託していたのです。その後の資金難からこの試みを継続できなかったことは、大変残念なことでした。

# 終章

# 永遠

ＯＢサミットによる
最後の「普遍的倫理の促進」

## エネルギー問題

二〇〇九年の第二十七回年次総会は国王の招待で、サウジアラビアのジェッダ近郊の砂漠に建設中だったハイテク・学園都市で開催されました。宿舎は、いずれ販売されることになる高級マンションでした。

会議に参加した女性たちは、例外なしに黒いチャドル（イスラム教国伝統の、頭から全身を覆う服装）とスカーフで全身を覆うという、初めての体験に戸惑っていました。むろん、私にとっても初体験のことでした。砂漠の中の、未完成のインフラで行なう会議は、ロジ的にも多大な困難が伴います。文化や風習も異なる中で、参加者とホスト双方からのたくさんのクレーム。事務局が最も苦しんだ会議となってしまいました。

なお、この会議以降、福田康夫が日本代表として参加することになります。創設者の長男ということで、メンバーたちからは大いに歓迎されました。

会議の議題は、「エネルギー協力および経済的・環境的懸念」が選ばれました。

いつものように事前の専門家会議が五月、ベルリンで開催され、主として「エネルギー市場の挑戦と協力」と、「気候変動と再生可能エネルギー」について議論がなされ、ジェッダ総会でも採択された政策提言は、以下のような内容になりました。

・長期のエネルギー展望は、気候変動を考慮に入れるべき
・再生可能なエネルギー技術の研究・開発・商業化を加速・支援すべき
・核エネルギー以外のすべての再生可能エネルギーをさらに探索すべき
・低炭素経済への移行は、新技術・新産業・生産・消費に新たな形態を出現させる

持続可能なエネルギーの必要性は、環境への負荷を考えれば当然のことでしたが、加えて原子力に頼らないエネルギー源としての「再生可能エネルギー」を多くのメンバーが注目していました。ただし、コストや供給量の面から、「技術・開発・商業化」を加速させるという現実的なアプローチを重視しました。

ＯＢサミットが〝机上の空論〟ではなく、現実の世界で通用する提言を続けてきた一例ですが、やはり、かつて国を代表して政権を担っていた人々がメンバーであったことは、大きかったと思います。

## 水の問題

二〇一一年の第二十九回年次総会は、カナダのケベックで開催されました。十六世紀にフランスの植民地として始まったケベックは、「フランス以上にフランス的」と言われる古き良き美し

さを誇る街です。

宿舎も会議場も、サンローランス河に面した古い城壁を改装したホテル。趣は良かったのですが、会議には不向きでした。中は迷路のようになっており、また石造りで柱が多く、そのためか音響がとても悪いなど、四百年の歴史を誇る城は観光には良いのでしょうが、国際会議場としては使い勝手の悪い施設なのです。

それはともかく、ここでは水の問題を取り上げ、そのための専門家会議を事前にトロントで開催しました。人類が使用可能な水は、地球上の水のわずか一％しかありません。これをいかに世界中で分かち合うかが議論されたのです。

提言を少し列挙しますが、お読みいただけると、「ＯＢサミットはそこまで考えていたのか」ということがおわかりいただけます。

・世界的政治課題における水問題の最優先化
・気候変動の調査と、水問題への適応計画の連結
・急務な衛生計画と、安全な水へのアクセス改善に対する国際的な投資増
・国連国際水議定書の支持・促進、世界の安全淡水エコシステムの保全
・生態学的に持続可能な境界線の設置
・エコシステムへの投資、主要な越境水域での水配分への協力

これらの水問題は、二〇一二年の第三十回天津総会（中国）でも引き続き取り上げられ、さらに次の政策提言が発表されました。

・経済、法律、科学的方策を駆使した水管理改善への包括的アプローチの採択
・開発途上諸国の貧困層に過剰な負担をかけない水管理政策の改訂
・流域全体の安価で平等な受水のために、水配分への当事国間合意および水紛争回避のための水権利アプローチ
・世界の水資源の質・量を確定する水科学への支援
・汚染と、水の無駄な消費の削減および環境保護への各国政府、国連機関、ＮＧＯによるコミット

残念ながら、人類にとって不可欠な水資源に関する提言も、主として米国によって無視され続けてきました。痛恨の極みとしか言えません。

水問題の他にも、世界の現状、中国の発展と同国のグローバル・システムへの現在および潜在的貢献、金融危機、世界の安全保障と核軍縮等も議論され、多くの政策提言が打ち出されます。

余談となりますが、ケベック総会には米国のクリントン元大統領が参加しました。道義的色彩

の濃いOBサミットの議論に、この秀才はあまり馴染めないようでしたが、底抜けの明るさで議論を盛り上げていました。

## 福田父子

二〇一二年、中国の天津での総会は、経済大国となった中国の凄さをあらゆる面で見せつけていました。北京からの広い高速道路を走っていて見えるのは、主として高層マンションやビルの群れ。北京から天津を見る限り、一九九三年の上海総会時に見た中国とは、全くの別世界です。中国が日本を追い越したという印象を強く持ちつつ、昔の中国の面影がほとんどないのがかえって寂しく感じたほどです。

近代化が急速に進んでいたその天津では、福田赳夫・康夫父子の人気が際立っていました。やはり、福田赳夫が日中平和友好条約を締結したときの総理という面も大きかったと思います。そのため二十年近く前に逝去した福田赳夫を惜しむ声が多く、息子である康夫にはボランティアの女子大生たちが写真を撮りサインをねだるという、微笑ましいシーンが続きました。

ちなみに、このときの会議に動員された中国のボランティア学生は一〇〇〇人以上。全員が英語、日本語はじめ多国語を駆使して見事な語学力を発揮していたのには、参加者たちも事務局も驚き、感心しました。

福田康夫は現職の首相時代も含めて、中国が信頼を寄せる政治家の一人です。

しかし、福田康夫は赳夫同様、言わねばならないことは中国に対してきちんと言う政治家でした。そのスタンスは、「自国の都合だけを声高に叫ぶ。結果、何も実現しない」のではなく、「言うべきことは言う。しかし、互いに歩み寄れる部分は歩み寄って、平和に協力し合える関係を築くことこそが大事である」という信念を持っていると感じられました。

なお福田康夫は父親にとってのＯＢサミットについて、「晩年の福田赳夫にとって、ＯＢサミットは『人類が生き残るための道』を探り、具体的な提言を行なう場所でしたが、同時に父の生き甲斐であり、世界の賢人たちとの集いを楽しみにしていました」と、温かな視線で述べています。

## 最後の宗・政会議

卒寿を過ぎたヘルムート・シュミット名誉議長が、「もう一度、宗・政間対話を」という最後の願望を、二〇一三年秋に表明しました。それに応えたのが福田康夫とオーストラリアのマルコム・フレーザーです。二人には、同年十二月に九十五歳になったシュミットを祝福する意図もありました。

福田赳夫の最後の願望であった「もう一度、宗・政間対話を」という希望を実現したシュミット。そのシュミットの最後の願いを、赳夫の息子である福田康夫が聞き入れてくれたことに、当時を知る関係者は皆、福田家とシュミットの強い絆を感じました。

この最後の宗・政間対話は、二〇一四年三月、OBサミット生誕の地であるウィーンで開催されました。「意思決定におけるグローバル倫理」をテーマとし、福田康夫とマルコム・フレーザーが会議の共同議長を務め、一二名のメンバーと一五名の主要宗教指導者を招きました。

対話の中心的課題は、「政治における倫理価値の意義とは何か」、「倫理とは、その必要性を説くだけのものでなく、政策アプローチの一部をなすものだということを、政治指導者たちにいかに説得できるのか」というものでした。

六つのセッションでは熱い議論が重ねられていきます。

## 福田康夫による「3C」の提案

第三セッションでは、福田康夫が「寛容と理解」をテーマに論を展開しました。

まず、政治指導者について切り出しました。

「最近は、世界のリーダーたちの多くが、目の前の紛争にどう対処するか、直面する経済危機をどう乗り切るか、あるいは自国の影響力をどう拡大させるか、といったことばかりに自らの知性とエネルギーをすり減らしている」「いかに世論の機嫌を取り結び、国民からの支持を得続けることができるか、といったことばかりに汲々としている。（中略）世界のリーダーや知識人たちの間で、グローバルな倫理や文明間の対話の必要性に十分な思いを寄せる余裕がなくなっているように見受けられる」とし、宗・政会議のような場の重要性を指摘します。

そして主題である「寛容」について、このように述べます。

「文明間の対話、グローバルな共通倫理の追求を行なっていくためには、『寛容』だけでは不十分」「真の意味での『理解』と（中略）単なる文化や習慣を乗り越えてお互いが社会生活を共にするという実際の『行動』までを伴って、初めて私たちの求めている共通の倫理を求めていけるのだ」

そうして、普遍的倫理への手がかりとして、次の「３Ｃ」を提案したことも注目を集めました。

①Compassion（他人への思いやり）
②Cultural Sensibility（他の文化への感受性）
③Confidence（他者への信頼）

①のCompassion（他人への思いやり）では、本書でもすでに触れた東南アジア外交の基軸〈福田ドクトリン〉の中で、父である福田赳夫が述べた「心と心」という言葉を引用し、「『heart to heart』とは、まさに相手への思いやり、コンパッションを意味するのではないかと今でも思っている」としました。
②のCultural Sensibility（他の文化への感受性）では、「文化の違いやニュアンスに対する鋭

敏な感受性を持って、他者を理解しようとすることは、文明間の対話を進め、グローバルな倫理を追求していく上で決定的に重要な能力と言える」と、自分とは違う文化や社会への理解の重要性を説いています。

③のConfidence（他者への信頼）については、総理経験者であり外国に知友の多い福田康夫ならではの考えを述べています。

「（国同士の交渉において）交渉当事者がどのように、そしてどの程度リスクをとれるかというと、それは突き詰めれば交渉相手との信頼関係がどこまで築き上げられるのか、ということに尽きる。グローバルな倫理を探す議論を進めていくためには、きわめて泥臭い、私たち個人の信頼関係構築がまず前提条件となる」

福田赳夫やシュミットやその他メンバーたちの「泥臭い」までの信頼関係は、地球規模の課題を話し合い、提言し、時に世界を動かしてきたOBサミットにとってどれほど重要であったか、ということを思わず想起してしまいました。

こうした福田康夫のアジア的・日本的価値に基づく主張は、一神教の世界からの参加者たちには新鮮だったのか、しきりにメモを取っていたことが印象的でした。

## ひとまず幕を下ろす

二日間の会議を通して、普遍的倫理の中核にあるのが黄金律（「自分がされたくないことは、他人にもするな」）であることを、全員が同意しました。それを前提として、グループが打ち出した勧告は以下の一〇項目です。主として政府指導者が対象でしたが、その他の組織の指導層も当然念頭にありました。

①普遍的倫理を促進し、人間として重要な責任と義務を受け入れる
②あらゆる暴力の正当化を拒否し、生命の価値を確認する
③誤解されやすく分断を促しがちな政策を避けるために慎重に努力する

まず、どのような形であれ暴力を否定すること。そして、各国政府が暴力を促すような、あるいは結果として暴力や分断を肯定してしまうおそれのある政策を避け、皆が守れるような倫理観を持とうではないか、ということです。

④他の人々の見解を理解するよう特別に努力する。そうした理解は相違を乗り越えるために不可欠
⑤平和への道程としてのグローバル倫理を実施し、文化的・社会的多様性に鑑み、協力を促進するよう、誓約する

違いを認め合い、違いが存在することを前提にしながら、互いを尊重する。価値観が異なっていたとしても、普遍的に守ることができる倫理観を互いに守り、協調しながら生きていくことを約束し合おう、ということです。

⑥過激主義、政府による分断、誹謗の政治を拒否する

⑦特定の地域と国家に見られる過激主義に対抗するために特別な努力を払う

目的のためには手段を選ばないような政治、誰かをことさらに敵視し分断するような偏狭な考えは認めない。そして、そういう過激主義が行なわれている国家や地域に対しては、その悪影響を他に及ぼさないために、あるいは虐げられている人々を助けるために、世界は協力し合おう、ということです。

⑧グローバル化した世界共同体における、グローバル倫理の道程が複雑化されていることを理解する

⑨全ての主要宗教が重視する共通の倫理基準を、全ての人、とりわけ青少年に教育する努力を払う

世界には様々な価値や文化、様々な宗教、様々な政治体制があります。その中で世界が共通の倫理観を持つには、時間と手間がかかることを前提にしなければなりません。時間と手間を惜しんではならない。また、世界の主要な宗教が持つ共通の倫理を、これから未来を担う青年たちに教育していかねばならない、ということです。

⑩人命、環境、天然資源に深刻な影響を及ぼす、九〇億人という人口に世界が向かっていることを意識した政策を立案する

人口問題は、福田赳夫が現職の政治家であった頃から訴えていた問題意識でもありました。もちろんＯＢサミットも当初から、人口増加による様々な問題、課題を採り上げてきました。それが時と共に深刻化していることは、現在の世界を見ても明らかなことです。各種の紛争、テロ、経済問題はもちろん重要ですが、そういったテレビでも採り上げられる問題と同じように、人口問題は私たちに突きつけられた危機そのものです。

ですから、この勧告の中でも触れることになりました。

以上が、ＯＢサミットによる最後の「普遍的倫理の促進」の内容です。この八年後の二〇二二

年に、ロシアはウクライナへの侵略戦争を開始しました。このような痛ましい悲劇を、人間はなぜ繰り返すのか。人類とは過去から学べないものなのでしょうか。

会議の全議論と提出された論文、そして提言は、その後七カ国語（英・日・中・アラビア語・ヒンズー語・タイ語・ロシア語）に翻訳出版されました。ちなみに日本では、『世界はなぜ争うのか』（朝倉書店）というタイトルで出版されています。

会議最終日の晩、シュミットの九十五歳の誕生日が少し遅れて盛大に行なわれ、シュミットは大勢の参加者から祝福されました。

そこでの祝辞を述べた盟友ジスカール・デスタンの最後の表現が、この本に適切と思えるので記します。また引用されている孔子の言葉は、その二十数年前に東京でジスカールが福田赳夫にも語った論語の一部と同じものです。

「……その何年も後、ヘルムート・シュミットは、国内の赤軍派との闘いが彼の人生で最も困難な選択だったと語っています。こうした瞬間に美徳は顔を表すのです。孔子が言ったように、仁者は労苦を先にして利得を後にする。仁とはそういうもの」

「貴方は、その長い人生でこの教えに従いました。それが貴方を本物の優れた政治指導者にし、私にとっては極めて特別な友人にしたのです」

この会議を最後に、シュミット、フレーザー、福田康夫の元首相たちは、「ＯＢサミットの役割は終わった」とし、辞任しました。多くの初期からのメンバーも彼らに続きました。福田赳夫が創設し、ヘルムート・シュミットと共に発展させたＯＢサミットは、三十余年にわたって世界的にも有意義な貢献を多く残し、ひとまず幕を下ろしました。

## 旅立つ人々

その翌年、二〇一五年の十一月十日。ヘルムート・シュミットは、九十六歳で世を去りました。前年のＯＢサミット終幕後も、私はシュミットと連絡を取り合っておりましたので、ある程度覚悟はしていたものの「ずっといてくださる」という根拠のない楽観を持っておりました。その願いが打ち砕かれたのは、シュミットの秘書からの電話でした。

悲しみを堪えて福田恒夫に連絡を入れ、私はひとり泣き続けました。三十余年にわたるシュミットとの交流。仕事上は厳しいオーダーが多く、時に根を上げてしまいそうになることもありましたが、仕事を離れると温かな、いつも気遣いを忘れない誠実で優しい紳士でした。本当に多くを学ばせてもらいました。

ドイツと世界が偉大な政治指導者を喪ったことは言うまでもありませんが、私自身も、人間として極めて大事な軸というか、星のような存在を喪失した感覚からしばらく抜け切らずにいました。福田赳夫とヘルムート・シュミットに出会い、長年仕事のお手伝いをさせて頂けたことは、私の人生で最高の光栄であり、二人は私自身を磨く最高の教師でした。

シュミット逝去の直後から二人のことを記録に残しておきたいと、膨大な資料の整理に入りました。あれからもう足掛け八年（福田赳夫逝去から二十八年）になるとは、本当に信じられません。

シュミットが逝った同じ年、マルコム・フレーザー（オーストラリア元首相）と、宮崎勇（OBサミット事務総長）が世を去りました。まるで、仕事を終えた有能な職人たちが、静かに工房を去るかのように。

なお、亡くなった三人は最後、OBサミットについて、次の点で一致していたことを記しておきます。

「何か歴史的な遺物はなくとも、福田赳夫が始めた〈普遍的倫理規範〉という概念は必ず残る。そしてその重要性はいずれ広く認められていく」

## あとがき

福田赳夫とヘルムート・シュミットは、一九九三年の上海総会で一つの深刻な警鐘を鳴らしました。

「二〇二〇年には、食糧を含む資源がうまく行き渡らず、環境・生態学的にも今では想像できないような悪影響が出てきて、人類は極めて困難な状況に直面するのではないか」というものです。

この警鐘が、本書を執筆し始めた二〇二〇年、コロナ禍によって在宅生活を強いられていた私の目に飛び込んできました。愕然としました。正直に申します。私は一九九三年当時、この発言を耳にしても、はるか遠い未来のこととしか受けとめていませんでした。

今日、地球温暖化は世界各地で深刻な洪水や凄まじい自然火災、毎年のように記録を更新する異常な酷暑、頻度と強度を増す台風や竜巻等をもたらしています。人類を恐怖と不安に陥れたコロナ禍も、二人の警告が正しかったことを裏付けているように感じます。つまり福田とシュミットは、二〇二〇年に地球を襲ったコロナ禍の惨劇と、未曽有の地球温暖化に起因する多くの恐るべき自然現象を三十年前から予想していたとも言えるのです。

二人とも科学者ではありませんから、当然、コロナ禍のような具体的なイメージは描いていませんでした。しかし、人類が地球と自然と環境を意のままに破壊し略奪することに対する、自然界からの報復のようなものを、彼らは三十年近く前に互いに話し合い、主張し、予想していたのです。そして二人はその後も毎年必ず機会を捉えて、執拗に遠い未来の危険について警告し続けました。

警告だけでありません。

重要なのは、悲惨な未来を招来しないために、人間がどう生きるべきかを教えてくれていたことです。世界は、二人の警告にもっと真剣に耳を傾けるべきでした。対応策をとるべきでした。

いま、福田赳夫、ヘルムート・シュミットありせば……。

二〇二〇年の危機に警鐘を鳴らした福田赳夫とヘルムート・シュミットが、今生きていたとすれば、何を語りあっただろうかを考えてみました。彼らは、恐らく次のように判断するのではないでしょうか。

「一連の災難は何を明らかにしているのでしょう。これらの惨劇からどのような教訓を学ぶべきか、人類が試されているのです。過去の過ちを清算し、将来の世代のために誠意と責任ある言動をとるべき、まさにその時が今なのです。私たちの発想を転換させるのです」

三十有余年間に蓄積された膨大な文献（参加者たちのスピーチ、論文、専門家の報告書、最終声明、出版物、写真、ビデオ等々の現物とデジタル版）は、福田康夫元首相の斡旋で日本の国立公文書館に納められ、閲覧可能となっています。さらにこれら文献のデジタル版が、ドイツではシュミット財団、オーストラリアではメルボルン大学、スウェーデンではストックホルム大学に保存されており、学者や研究者たちに活用されています。

こうした貴重な資料が今後も保存され活用され続けていくことは、三十年あまりボランティアとして務めた事務局一同の慰めであり、救いです。また一同は、かけがえのない経験を積み、数量化できない多くを学ばせていただけた幸運に深謝しています。

そして私たちは、あのように多くの優れた功績を残した国際的な政策提言グループを組織したのは、まぎれもなく一人の日本人であった、という歴史的事実を大いに誇りに思っております。同時に、それは福田赳夫だからやり遂げられたのだということも。

OBサミットが何度も指摘し実践してきたように、次世代を創る若者たち、自覚を持った立派な人間が、再び人間らしく生きられる世界を取り戻してくれると信じます。福田もシュミットも、どんなに困難な問題があっても希望を捨てませんでした。どんなに困難があっても諦めませんでした。

人間の可能性と善意を、これからも信じていきたいと思います。

思い出すのは、彼らがいつも話していた、こんな言葉です。

「どんな歴史にも著者がいて、それは人間なのだ。したがって、間違ってしまった歴史を是正できるのも人間なのだ」

なお、本書作成について執筆では瀧澤中氏、出版では株式会社ダイヤモンド社の花岡則夫編集長と松井道直氏に大変お世話になり、夢が現実になったことを、改めて強く、感謝しております。

本書を福田赳夫、ヘルムート・シュミットと、ＯＢサミットに関わった全ての人々に捧げます。

# 解説

作家・政治史研究家　瀧澤　中

福田赳夫は元総理としてその名を知られるが、一定年齢以下の方にはほとんど馴染みがないであろう。また福田を知る人も、「ああ、田中角栄のライバルか」というくらいの認識がほとんどではなかろうか。

残念ながら、エピソード豊富な田中角栄に対して、福田赳夫の存在は世に知れ渡っているとは言い難い。そこには、「ぶらない」ことを母から言われ、頑なまでにそれを守った福田の生き方にも原因があったのではなかろうか。

福田は「昭和元禄」「狂乱物価」などの印象的なフレーズを、時にユーモアを交えながら喋ることはあったが、おおよそ自らの功を誇り語ることが極端なまでになかった。政治家、それも総理にまでなった人物としては、異例と言っていい。

しかし。近年、福田の功績が改めて注目を浴び、政治史の中で再評価される動きが専門家の間で顕著になっている。その再評価の主なものは、当然ながら首相在任時におけるものがほとんどである。

詳細は本書や二〇二一年に発刊された『評伝 福田赳夫』（岩波書店）に詳しいのでここでは詳

述しないが、国民皆年金や国民皆保険などの社会保障制度、あるいは日本経済の危機をたびたび救った経済・財政運営、日中平和友好条約締結や今も東南アジア外交の基礎となっている〈福田ドクトリン〉などの外交成果等々、戦後政治において彼の能力が思う存分発揮されたことは、その事績に明らかである。

政治家の評価は、政治家として現職にあった時に何を成したのかで行なわれることは言うまでもない。しかし、現役を引退してなお公に尽くし、歴史に名を残す政治家も少数ながら存在する。福田赳夫は間違いなくその一人と言えるであろう。

福田は戦前には大蔵官僚、戦後は無所属で衆議院議員となり、その後岸信介らと共に政権政党の中枢で活躍。一九六〇年代はじめには早くも周囲に人が集まり始めた。そして圧倒的な集金力にものを言わせた田中角栄全盛期にも、福田の政治力が衰えることはなかった。田中に比べれば資金力で太刀打ちができなかったにも関わらず、常に田中をおびやかす政治勢力を維持し続けた。

勢力を維持し続けた理由の一つは、地元での支持の厚みが挙げられよう。衆議院の旧群馬三区は、福田赳夫、中曾根康弘、小渕恵三の、いずれも首相を経験する大物政治家の対決という、全国でも稀に見る激戦区であった。この難しい場所で福田は、ほとんどの選挙においてトップ当選を果たしている。つまり福田の巨大な政治力を支えた柱の一つが、地元での圧倒的支持であった。「スッ、と主婦たちの輪の中に入っても、自然に話が弾む」

地元ではいわゆるエリートとはまったく違う、福田の人間臭さを伝えるエピソードが多い。福田の中央での政治力を支えたもう一つの大きな柱は、福田の精神にある。

かつて福田派に属していた議員がこんなことを私に語ってくれた。

「田中（角栄）がリアリストであるのに対し福田はモラリスト。自分はモラリストの福田に魅力を感じた」

実際、福田派は派閥というより「サロン」のようであったと、福田時代から派閥（清和会）を支えた塩川正十郎（元財務相）は述べている。また昭和三十年代のことだが、倉石忠雄（元法相）は、河野一郎（元建設相。河野洋平元自民党総裁の父）から「福田のような学生みたいなやつと付き合ってはダメだ」と注意を受けたことがあるという。

議員現役時代から、福田には「学生みたいな」青臭い、モラルに基づいた理想主義的なところがあって、その姿勢が党改革運動などに顕著にあらわれるのだが、それが福田赳夫の政治家としての骨格をつくっていたと考えられる。その福田だからこそ、引退した後、本書に記述されているOBサミットを創設し得たのではなかろうか。

本書は、福田が力を尽くしたOBサミットという会議体の創設から三十年以上、福田の身近にあって通訳を行ない、それゆえにメンバーである各国の首脳と交流し、裏方として様々な提言や宣言を取りまとめた渥美桂子氏による、渾身の記録となっている。

回顧、と言わず記録、と書いたのは、渥美氏が「これは私の回顧録ではなく、二人の偉大な人物（福田赳夫とヘルムート・シュミット）が、世界の危機にどうアプローチしたのかという記録です」と表現するからである。

私自身昭和の終わり頃、大学で政治学を学んでいたが、当時ＯＢサミットについて、「首脳を卒業した人たちのサロン」という程度の認識でしかなかった。それがとんでもない誤解であり、各国首脳経験者たちがいかに真剣に世界の危機に対処したのか、本書には明らかになっている。

ただし、本書の特徴は単にＯＢサミットの経緯に触れただけでないことは、読まれて御理解いただけるであろう。なぜ、先見性に富んだ宣言が出されたのか。なぜ、米ソは核軍縮に進むことができたのか。なぜ、世界各国の元首脳クラスの人物たちが、同じ価値を共有しながら世界の危機に対処できたのか。

本書は表の会議だけではなく、その裏側でどんな話が交わされたのかという、裏面史というよりも「真実の物語」だからこそ、この点が解き明かされているといえよう。特に驚くべきことは、各メンバーが自国のみの利益に拘泥することなく、「世界にとってどうなのか」「未来にとってどうなのか」という、大局観を等しく持ち得ていたことである。

なぜそんなことが実現できたのであろうか。

たまたま同時代に、価値観を共有できる、能力的にも優れた指導者が揃っていたことは間違いない。それは、本書にも触れられているメンバーの横顔からも十分理解できよう。そういう偶然が歴史には時々起こる。

しかし、単に価値観を共有できる優れた人物たちがいるだけでは、歴史は動かない。彼らを集め、同じ方向に動かす〝羅針盤・兼・動力〟が必要である。その〝羅針盤・兼・動力〟こそ、本書の主人公とも言うべき二人の人物、福田赳夫とヘルムート・シュミットではなかろうか。

ヘルムート・シュミットは西ドイツで八年余も政権を担当し、欧州におけるドイツのリーダーシップを確立した名宰相として知られているが、日本では馴染みが薄い。しかし別名「鉄人宰相」と言われるシュミットは、ドイツ国内ではいまだに名声をほしいままにする人物である。

渥美氏も触れているように、シュミットは筋金入りの社会民主党員として極めてリベラル色の強い思想・信条の持ち主であったが、いわゆる「左派」としては珍しく、経済・財政や金融政策のほか、安全保障にも現実的なアプローチができる高い見識のある政治家であった。保守政治のど真ん中を歩んできた福田赳夫が国民皆年金や国民皆保険制度といった、社会全体で人間を支えるようなリベラルな政策を推し進めたことと、類似性を感じる。

思うに、真に政治に求められているものは「主義」ではなく、その国々の置かれた事情を冷静かつ客観的に認識し、現在だけではなく、将来にわたって必要なものは何かということを考え実行することではなかろうか。

そういう意味で、福田とシュミットが肝胆相照らしたことは当然の帰結であったかもしれない。そして二人がリーダーシップを発揮し、会議を方向づけたことは、世界にとって大きな恵みとなる。

本文に、福田康夫の言葉が紹介されている。

話し合いをするときに大事なのは「きわめて泥臭い、私たち個人の信頼関係構築がまず前提条件となる」。福田赳夫とヘルムート・シュミットが、まるで幼い頃からの親友のように互いを支え合った「泥臭い」姿は、OBサミットを扱った他の論文などでは到底窺い知ることができない。

しかし国内政治がそうであるように、国際的な、地球規模の課題であっても、結局解決するには人間同士の協力が必要である。福田とシュミットのような、私に言わせれば良い意味でおとぎ話のような、通常あり得ない異国の宰相経験者同士の濃密な友情があってはじめて、偉業が達せられたのだと、つくづく思うのである。


著者の渥美氏は福田同様、自身の経歴や功績を一切誇ろうとしないが、OBサミットのたどった道とその精神を語るのにこれほど適した著者はいないであろう。

渥美氏はOBサミットの創設から三十有余年、事務局にあって御苦労を重ねてこられたのみならず、福田の通訳として元首脳であるメンバーたちとの会話を漏らさず聴き、それをメモし、いわば福田の目となり耳となっていたのである。

若き日、世界銀行に勤めていた渥美氏は、訪米中に福田（当時蔵相）のニューヨークでの講演を聴きに行ったことが本書に記されている。そこで大使館が手配した通訳に物足りず、福田が「誰かきちんと通訳できる人はいないか」と会場に問いかけ、若き日の渥美氏が押し出されたくだりは、運命の出会いを印象付けるものであった。

さらに、渥美氏が福田から「これからOBサミットを手伝ってほしい」と言われ、渥美氏が「自分は政治思想的にリベラルだから」と遠慮すると、「日本人は一歩海外に出れば右も左も関係なく日本人になるんだ」と言って渥美氏を説得したあたり、福田の幅の広さと、渥美氏を通訳としてお願いしたい福田の期待感を感じずにいられない。

そういう経緯から、渥美氏は国内での手伝い、特に選挙などには関わることなく、通訳という仕事を通して福田の声を聴き続けた。

OBサミットの事務局は実質的にはボランティアで、本書でも触れられているとおり、かなり過酷な仕事であった。にも関わらず継続して事務局が機能したのは、渥美氏をはじめとする事務局の方たちが、福田やシュミットの掲げた理想に共鳴し、またその人格見識を慕い続けていたからにほかなるまい。

OBサミットの役割は本書に余すところなく書かれているが、特に注目したいのは、大国間の問題のみならず南北問題や環境問題、そして「価値」について討議し、宣言や提言を出していることである。

世界の主要な宗教指導者と政治指導者との会議を実現し、宗派や政治体制、民族の違いを超えて、誰もが守るべき大切なもの（普遍的倫理）を世界に提示した。環境問題についての提言も、まだ地球温暖化がマスメディアを賑わす遥か以前に的確な指摘を行ない、また南北問題、とくに人口増加とそれに伴う食糧危機についての見識も、極めて的を射ている。何にも増して驚くべきことは、これらがごく限られた時間と限られた予算の中、決して多いとは言えない人数によって成し得たという点である。

むろん、メンバーに元首脳たちを揃えたことは成功の一つの要因であろうが、総会を開く前に行なった専門家会議に、世界の識者が集まったことも大きかろう。しかし、参加したからといって無報酬だった。ではなぜ彼らは出席したのか。

第一に、OBサミット主要メンバーたちの、狭い国益や近視眼ではない、真に世界全体と未来を見据えた理想に共鳴したからではないか。

第二に、OBサミットで出される提言や宣言が、単なる文書ではなく、現実に核兵器軍縮や人権、環境、人口問題に役立たせられると感じたからではないか。

現に、専門家会議に出席を依頼してほとんど断られなくなるのはリスボンでの会議以降であり、つまり実績を見て「ここならば」と専門家たちが感じたからに他ならない。

ではなぜ、提言や宣言が影響力を持ったのか。もちろん、それ自身の内容が理にかなっていたことは言うまでもないが、OBサミットのメンバーたちが帰国して自国に対し、この内容を伝え浸透させる努力を重ねたからである。

そこで、さらに疑問が湧く。どんな政治体制であっても、現役を離れてなお政治権力を維持することは難しい。引退した元首脳が政治を動かすことは稀である。それでもＯＢサミットが世界を動かし、世界に影響を与え得たのはなぜか。

思うに、意思と能力を兼ね備えた者が、たとえ少数であっても行動を起こす時、世界が変わりうるということを、本書は示しているのではなかろうか。つまり正しい行動は共感を呼ぶ。「徳孤ならず」、なのである。そしてその先頭に立ったのが福田赳夫であり、福田の盟友であったヘルムート・シュミットであったことはここであらためて申し上げるまでもない。

渥美桂子氏は現在、スリランカの孤児たちを救う活動を続けておられる。

第二次世界大戦で敗戦国となった日本は、昭和二十六（一九五一）年にサンフランシスコ講和条約によって独立を果たすが、サンフランシスコ講和会議でソ連は日本に賠償金を求めた。この時、会議に出席していたスリランカの蔵相（のちに大統領）ジュニウス・ジャヤワルダナは、「憎悪は憎悪によって止むことなく、愛によって止む（hatred ceases not by hatred, but by love）」という仏陀の言葉を引用し、賠償請求の放棄を会議で訴えた。このジャヤワルダナ大統領のおかげもあって、日本はソ連などが求めた厳しい制裁を課されることなく、戦後国際社会に復帰する。このことを渥美氏は福田赳夫から聞き、縁あってスリランカで困窮する孤児たちを救う活動に従事し、今日に至っている。

スリランカは現在（二〇二三年三月）、債務不履行に陥り、政情不安も続いている。渥美氏は「子供たちが心配」ということで、本書の原稿を書き終えてから単身スリランカに向かった。コロナ禍で経済と政治の混乱に拍車がかかっている中、八十歳を超えて長駆スリランカに向かった渥美氏の心情を思う時、そこに、社会的弱者の救済を常に考えていた福田やシュミットの面影を見る。

前述のジャヤワルダナ大統領が「我々は日本に対して友情の手を差し伸べましょう」とサンフランシスコ会議で述べたその気持ちを、いまスリランカに対してきちんとお返しすべきではないか、そんな著者の心を想像するのである（なお渥美氏は現在、老齢ということもあり、スリランカでの孤児救済活動の後継者を探していることを付言しておきたい）。

福田は、こんな言葉を残している。

「孤独なる秀才であるよりも、友多き凡才たれ」

友多き秀才・福田赳夫によってつくられ、同じく欧州で信頼感の厚いヘルムート・シュミットとの友情によって展開したOBサミットという〝大いなる企て〟は、一旦その役割を終えた。しかし、コロナ禍や欧州での戦争、環境破壊などを見るにつけ、「次の福田赳夫」、「次のヘルムート・シュミット」の登場を待ち望むのは、私だけではあるまい。

本書が、次の福田、次のシュミットたちへの指針になることを確信し、解説を終えたい。

## OBサミット会議開催地・テーマ一覧表

| 年月 | 会議（テーマ） | 開催地 |
| --- | --- | --- |
| 1983年5月 | 設立準備委員 | オーストリア、ウィーン |
| 11月 | 第1回年次総会 | オーストリア、ウィーン |
| 1984年3月 | 執行委員会 | オーストリア・ウィーン |
| 5月 | 専門家会議（通貨、金融、債務問題） | スイス、ウルフスベルク |
| 5月 | 第2回年次総会 | ユーゴスラビア、ブリオニ |
| 9月 | 執行委員会 | コロンビア、カルタヘナ |
| 12月 | 専門家会議（最貧困諸国への援助増大） | カナダ、オタワ |
| 1985年3月 | 専門家会議（開発途上諸国の軍事費） | 米国、ワシントン |
| 4月 | 専門家会議（核軍縮と安全保障） | フランス、パリ |
| 4月 | 第3回年次総会 | フランス、パリ |
| 1月 | 執行委員会 | ドイツ、ハンブルク |
| 12月 | 専門家会議（人口・資源・食料の関連） | 東京 |
| 12月 | 専門家会議（世界の失業問題） | フランス、パリ |
| 1986年4月 | 第4回年次総会 | 東京・箱根 |
| 12月 | 執行委員会 | ハワイ、マウイ島 |
| 1987年2月 | 専門家会議（軍備管理） | 米国、ワシントン |
| 3月 | 宗教・政治指導者会議 | イタリア、ローマ |
| 5月 | 第5回年次総会 | マレーシア、クアラルンプール |
| 9月 | 執行委員会 | ハンガリー、ブタペスト |
| 9月 | 専門家会議（国際債務問題） | スイス、ウルフスベルク |

OBサミット会議開催地・テーマ一覧表

| | |
|---|---|
| 1988年1月 | 専門家会議（森林破壊問題）　ポルトガル、リスボン |
| 5月 | 第6回年次総会　ソビエト連邦、モスクワ |
| 11月 | 執行委員会　英国、ロンドン |
| 1989年4月 | 専門家会議（生態系とエネルギー）　カナダ、モントリオール |
| 5月 | 第7回年次総会　米国、ワシントン |
| 11月 | 執行委員会　フランス、パリ |
| 1990年2月 | 専門家会議（生態系とグローバル経済）　米国、ワシントン |
| 3月 | 専門家会議（国際相互依存と国家主権）　ポルトガル、リスボン |
| 5月 | 第8回年次総会、執行委員会　韓国、ソウル |
| 1991年4月 | 専門家会議（市場経済への移行）　英国、ロンドン |
| 4月 | 専門家会議（中央銀行の役割）　フランス、パリ |
| 5月 | 第9回年次総会　チェッコスロバキア、プラハ |
| 10月 | 執行委員会　東京 |
| 1992年1月 | 専門家会議（グローバル秩序の探求）　ドイツ、ペータースベルク |
| 2月 | 専門家会議（ラ米の危機と変化）　米国、ワシントン |
| 5月 | 第10回年次総会　メキシコ、ケレタロ |
| 10月 | 執行委員会　東京 |
| 1993年1月 | 専門家会議（アフリカを国際システムに組込む）　南ア連邦、ケープタウン |
| 2月 | 専門家会議（ドイツ統一の韓国への教訓）　フランス、パリ |
| 5月 | 第11回年次総会　中国、上海 |
| 10月 | 執行委員会　東京 |
| 1994年5月 | 専門家会議（国際機関の将来）　オランダ、ハーグ |
| 6月 | 第12回年次総会　ドイツ、ドレスデン |
| 10月 | 執行委員会　東京 |

| | |
|---|---|
| 1995年4月 | 専門家会議（人口・資源・食料の均衡） 東京 |
| 5月 | 第13回年次総会、執行委員会 東京 |
| 1996年3月 | 宗・政会議（普遍的倫理規範の探求） オーストリア、ウィーン |
| 3月 | 専門家会議（グローバル金融のフロー） スイス、ジュネーヴ |
| 5月 | 第14回年次総会、執行委員会 カナダ、バンクーバー |
| 1997年3月 | 専門家会議（グローバル化の機会とリスク） 米国、ワシントン |
| 4月 | 宗教・政治指導者対話（人間の責任宣言） オーストリア、ウィーン |
| 6月 | 第15回年次総会、執行委員会 オランダ、ノールトワイク |
| 1998年2月 | 専門家会議（ラ米の展望・進展・挑戦） メキシコ、メキシコ市 |
| 5月 | 第16回年次総会、執行委員会 ブラジル、リオ・デジャネイロ |
| 1999年4月 | 専門家会議（国際金融の不安定） 米国、ボストン、ハーバード大学 |
| 5月 | 専門家会議（中東和平プロセスと宗教） キプロス、レメソス |
| 5月 | 第17回年次総会、執行委員会 エジプト、カイロ |
| 2000年4月 | 専門家会議（ロシアの将来） スウェーデン、ストックホルム |
| 5月 | 専門家会議（啓蒙された指導者とは） 米国、ハーバード大学 |
| 6月 | 第18回年次総会、執行委員会 フィンランド、ヘルシンキ |
| 2001年3月 | 専門家会議（21世紀の東アジアと太平洋地域） 韓国、ソウル |
| 4月 | 専門家会議（多元主義とグローバル統治） 米国、ハーバード大学 |
| 5月 | 第19回年次総会、執行委員会 兵庫県淡路島 |
| 2002年4月 | 専門家会議（EUの将来） フランス、パリ |
| 4月 | 専門家会議（国際人道法：危機と軍事介入） 米国、ハーバード大学 |
| 6月 | 第20回年次総会、執行委員会 ドイツ、ベルリン |
| 2003年3月 | 宗教・政治指導者対話（分断にかける橋） インドネシア、ジャカルタ |
| 6月 | 専門家会議（単独主義と集団的責任） ロシア、モスクワ |

| | |
|---|---|
| 6月 | 第21回年次総会、執行委員会　ロシア、モスクワ |
| 2004年3月 | 専門家会議（子供達への責任）　東京 |
| 7月 | 専門家会議（正当化しうる軍事介入）　オーストリア、ウィーン |
| 7月 | 第22回年次総会、執行委員会　オーストリア、ザルツブルク |
| 2005年3月 | 専門家会議1（核軍縮と小型兵器貿易）　米国サンタ・クララ大学 |
| 3月 | 専門家会議2（テロの時代の人間の責任）　米国サンタ・クララ大学 |
| 6月 | 第23回年次総会、執行委員会　米国、スタンフォード大学 |
| 2006年4月 | 専門家会議（イスラム世界と西側諸国）　ヨルダン、アンマン、国連大学 |
| 5月 | 第24回年次総会、執行委員会　ヨルダン、死海 |
| 2007年5月 | 宗教・政治指導者対話（政治の要因としての宗教）　ドイツ、チュービンゲン |
| 5月 | 第25回年次総会、執行委員会　オーストリア、ウィーン |
| 2008年6月 | 専門家会議1：（国際法の復活）　ドイツ、ハンブルク |
| 6月 | 専門家会議2：（国際金融市場の管理）　ドイツ、ハンブルク |
| 6月 | 第26回年次総会、若い指導者、執行委員会　スウェーデン、ストックホルム |
| 2009年5月 | 専門家会議1：（エネルギーと経済・環境的懸念）　ドイツ、ベルリン |
| 5月 | 第27回年次総会、執行委員会　サウジアラビア、ジェッダ |
| 2010年4月 | 専門家会議（核なき世界）　広島 |
| 4月 | 第28回年次総会、執行委員会　広島 |
| 2011年3月 | 専門家会議（世界的水危機）　カナダ、トロント |
| 5月 | 第29回年次総会、執行委員会　カナダ、モントリオール |
| 2012年1月 | 専門家会議（世界の水危機）　ヨルダン、アンマン |
| 5月 | 第30回年次総会、執行委員会　中国、天津 |
| 2013年5月 | 第31回年次総会　バーレーン、マナマ |
| 2014年3月 | 第32回年次総会　宗教・政治指導者対話（意思決定における普遍的倫理規範）　オーストリア、ウィーン |

ＯＢサミット年次総会主要参加者リスト（1983年―2014年）

首脳クラス（カッコ内数字は、出席年次総会）

福田赳夫（元日本国総理大臣、①②③④⑤⑥⑦⑧⑨⑪⑫⑬）
宮澤喜一（元日本国総理大臣、④⑬⑭⑮⑯⑰⑲⑳㉑㉒㉓㉔）
竹下昇（元総理大臣、⑭）
村山富市（元日本国総理大臣、④㉘）
森喜朗（元日本国総理大臣、①㉖）
小泉純一郎（元日本国総理大臣、③④）
福田康夫（元日本国総理大臣、④㉓㉖㉗㉘㉙㉚㉛㉜）
ヘルムート・シュミット（元西独首相、②③④⑤⑥⑦⑧⑨⑩⑪⑫⑬⑭⑮⑯⑰⑲⑳㉑㉒㉓㉔㉕㉖㉗㉘㉙㉚㉜）
リヒアルト・ヴァイゼッカー（元ドイツ大統領、⑳㉑㉒㉔㉕㉖㉗）
ゲアハルド・シュレーダー（元ドイツ首相、⑳）
ジミー・カーター（元米国大統領、⑮）
ジェラルド・フォード（元米国大統領、⑩）
ウィリアム・クリントン（元米国大統領、㉙）
ウォルター・モンデール（元米国副大統領、㉕）
マルコム・フレーザー（元オーストラリア首相、①②③④⑤⑥⑦⑧⑨⑩⑪⑫⑬⑭⑮⑯⑰⑲⑳㉑㉒㉓㉔㉕㉖㉘㉙㉚㉜）
江沢民（中国元国家主席、⑪）

朱鎔基（中国元首相、⑪）
習近平（中国国家主席、㉚）
温家宝（中国前首相、㉚）
盧泰愚（韓国元大統領、⑧⑫⑬）
金大中（韓国元大統領、⑧）
申鉉碻（元韓国国務総理、④⑤⑥⑦⑧⑨⑩⑪⑭⑮⑯⑰）
李洪九（元韓国国務総理、㉖㉗㉘㉚）
ピエール・エリオット・トルドー（元カナダ首相、③④⑤⑥⑦⑧⑨⑩⑪⑫⑬⑭⑮⑯⑰）
ジャン・クレティエン（元カナダ首相、⑯㉓㉔㉕㉖㉗㉘㉙㉚㉛㉜）
ヴァレリー・ジスカール・デスタン（元フランス大統領、③⑧⑪⑰㉜）
ジャック・シラク（元フランス大統領、③）
ジャック・シャバン・デルマス（元フランス首相、①②③④）
ミシェル・ロッカール（元フランス首相、⑳㉑㉒）
クルト・ワルトハイム（元オーストリア大統領、①②③）
アンドリース・ファン・アフト（元オランダ首相、④⑤⑥⑦⑧⑨⑩⑪⑫⑬⑭⑮⑯⑰⑲⑳㉑㉒㉓㉔㉕㉖㉗㉘㉙㉚㉛㉜）
フランツ・フラニツキー（元オーストリア首相、⑭㉒㉔㉕㉖㉘㉙㉚㉜）
ハインツ・フィッシャー（元オーストリア大統領、㉜）
イエノ・フォック（元ハンガリー首相、①②③④⑤⑥⑦⑧⑨⑩⑪⑫）
ジュラ・ホルン（元ハンガリー首相、⑳㉑㉒）
オスカー・アリアス（元コスタリカ大統領、⑩⑪⑫⑬⑭⑮⑯⑰⑲⑳㉑㉒㉓㉔㉕㉖㉘㉙㉚㉛）
カマル・ハッサン・アリ（元エジプト首相、⑧⑨⑩⑪）

アーマード・アヒジョ（元カメルーン大統領、①②③④）
キトリ・ニディ・ビスタ（元ネパール首相、①②③④⑤⑥⑦⑧⑨⑩⑪）
ジェームス・ボルジャー（元ニュージーランド首相、⑲⑳㉑㉒㉓㉔㉕㉖㉘㉙㉚㉛）
ジェームス・キャラハン（英国元首相、④⑤⑥⑦⑧⑨⑩⑪⑫⑬⑭⑮）
イングヴァール・カールソン（元スウェーデン首相、⑳㉑㉒㉓㉔㉕㉖㉗㉘㉙㉚）
フレデリック・ラインフェルト（元スウェーデン首相、㉖）
オラ・ウルステン（元スウェーデン首相、②③④⑤⑥⑦⑧⑨⑩⑪⑫⑬⑭⑮⑯㉖）
グロ・ハルレム・ブルントランド（元ノルウェー首相、㉖㉗㉘㉙）
ミゲル・デ・ラ・マドリ・ウルタド（元メキシコ大統領、⑧⑨⑩⑪⑫⑬⑭⑮⑯⑰⑲⑳㉑㉒）
エルネスト・セディヨ・ポンセ・デ・レオン（元メキシコ大統領、⑩）
クリアンサク・チョマナン（元タイ国首相、①②③④⑤）
オルシェグン・オバサンジョ（元ナイジェリア大統領、①②③④⑤⑥⑦⑧⑨⑩⑪⑫⑬⑭⑮⑳㉕㉖㉗㉙㉛㉜）
マシアス・マインザ・チョナ（元ザンビア首相、①②③④⑤⑥⑦⑧）
フィグディス・フィンボゴドティーア（元アイスランド大統領、⑯⑰⑲⑳㉑㉒）
アルトゥーロ・フロンディジ（元アルゼンチン大統領、②③④⑤⑥）
クルト・ファーグラー（元スイス大統領、①②③④⑤⑥⑦⑧⑨⑩⑪⑫⑬⑭⑮⑯⑰⑲）
ヴァーツラフ・ハベル（チェコスロバキア元大統領、⑨）
バカルディン・ハビビ（元インドネシア大統領、⑳㉑㉒㉓㉔㉕㉖㉗）
セリム・ホス（元レバノン首相、①②③④⑤）
ケニス・カウンダ（元ザンビア大統領、⑪⑫⑬⑭⑮）

リー・クアンユー（元シンガポール首相、⑪⑬）
ゴー・チョクトン（元シンガポール首相、㉘㉙㉚）
アブドル・サラム・マジャリ（元ヨルダン首相、⑰⑲⑳㉑㉒㉓㉔㉕㉖㉗㉘㉙㉚㉛㉜）
ケットミレ・マジレ（元ボツワナ大統領、⑳㉑㉒）
ジェームス・フィッツ・ミッチェル（元サン・ヴィンセングレアディーン首相、㉗㉘㉙㉚㉛）
ロポ・フォーチュナド・ド・ナシメント（元アンゴラ首相、⑪）
マハティール・ビン・モハメット（元マレーシア首相、⑤㉒）
トゥン・フセイン・オン（元マレーシア首相、⑤）
アブドラ・アーマッド・バダウィ（元マレーシア首相、㉗㉘㉙㉚㉛㉜）
マネア・マネスコ（元ルーマニア首相、①②③④⑤⑥）
マイケル・マンリー（元ジャマイカ首相、①）
ベンジャミン・ウィリアム・ムカパ（元タンザニア大統領、㉖㉗㉘）
ヘディ・ヌイラ（元チュニジア首相、①③⑤）
アーメッド・オスマン（元モロッコ首相、②③④）
ロマノ・プロディ（元イタリア首相、㉗）
ミサエル・パストラナ・ボレロ（元コロンビア首相、①②③④⑤⑥⑦⑧⑨⑩⑪⑬⑭）
アンドレス・パストラナ（元コロンビア大統領、㉕㉖㉗㉘㉙㉚㉛）
ハミル・マフア（元エクアドル大統領、⑲⑳㉑㉒㉓㉔㉕）
エフゲニー・プリマコフ（元ロシア共和国首相、⑳㉑㉒）
カシミエラ・プルンスキーン（元リトアニア首相、⑱）
カルロス・アンドレス・ペレス（元ヴェネズエラ大統領、①③④）

マリア・デ・ロウデス・ピンタシルゴ（元ポルトガル首相、①②③④⑤⑥⑦⑧⑨⑩⑪⑫⑬⑭⑮）
ミティア・リビチッチ（元ユーゴスラビア首相、①②③④⑤⑥⑦⑧⑨⑩⑪⑫）
ジェリー・ローリングス（元ガーナ大統領、⑰⑱⑲⑳㉑㉒㉓㉔㉕㉖㉗）
メアリ・ロビンソン（元アイルランド大統領、㉓）
ジョゼ・サルネイ（元ブラジル大統領⑩⑪⑫⑬⑭⑮⑯⑰⑱⑲⑳㉑㉒㉓㉔㉕㉖㉗㊳）
ペルシオ・アリダ（元ブラジル大統領、⑯）
コンスタンティノス・ゲオギウス・シミティス（元ギリシャ首相、㉖㉚）
カレビ・ソルサ（元フィンランド首相、⑫⑬⑭⑮⑯⑰⑱⑲）
マウノ・コイヴィスト（元フィンランド大統領、⑱）
アドルフォ・スアレス（元スペイン首相、③④））
ハンナ・スホッカ（元ポーランド首相、⑱⑲⑳㉑）
マヌエル・ウヨア（元ペルー首相、⑥⑦⑧⑨⑩）
ジョージ・ヴァシリュウ（元キプロス大統領、⑬⑭⑮⑯⑰⑱⑲⑳㉑㉒㉓㉔㉕㉖㉗㉘㉙㉚㉜㉜）
ヴァルディス・ビルカフス（元ラトビア首相、⑱⑲⑳㉑㉒㉓㉔㉕）
ティート・ヴァーヒ（元エストニア首相、⑱）
バーティ・エイハーン（元アイルランド首相、㉙㉚㉛）
ヴァイラ・フライベルガ（元ラトビア大統領、㉙㉚㉛）
フェルナンド・デ・ラ・ルア（元アルゼンチン大統領）
ヴィンセント・フォックス（元メキシコ大統領、㉙）
パーシヴァル・ジェームス・パターソン（元ジャマイカ首相、㉖㉗㉘㉙㉚㉛）

元閣僚級参加者総計　九十九名（うち氏名省略四十六名）
特別ゲスト（閣僚クラス）

塩川正十郎（元財務大臣）
中山太郎（元外務大臣）
土井たか子（元社民党代表・元衆議院議長）
秋葉忠利　広島市長
大谷光真（元全日本仏教会元会長、浄土真宗本願寺派前門主）
宮崎勇（元経済企画庁長官）
杉浦正健（元法務大臣）
林芳正（元防衛大臣）
田谷禎三（元日銀政策委員）
渡邉博史（元財務省財務官）
黄華（元中国外交部長）
呉学謙（元中国外交部長）
宗健（元中国人民政治協商会議全国委員会副主席）
銭其琛（元中国外交部長）
董建華（元香港特別行政区行政長官）
唐家璇（元中国外交部長）
李青雲（元韓国副首相）
ヘンリー・キッシンジャー（元米国国務長官）

サム・ナン（元米国上院軍事委員会委員長）
ロバート・マクナマラ（元米国国防長官・世界銀行総裁）
ウィリアム・ロジャース（元米国法務長官、国務長官）
ロバート・シュトラウス（元米国通商代表）
ウィリアム・ウェルド（元マサチューセッツ州知事、大統領候補）
ハンス・ブリックス（元国連監視検証査察委員会委員長、スウェーデン）
レスター・ブラウン（米国環境学者）
アブダルアジズ・アルクライシ（元サウジアラビア中央銀行総裁・国王財務顧問）
アーマッド・モハメド・アルモニフ（元サウジＯＰＥＣ担当大臣）
アブダルラーマン・アルサイード（元サウジ国王文化顧問）
サダール・スワラン・シン（元インド外務大臣）
モーリス・ストロング（元カナダ外務大臣）
アナトリー・ドブリーニン（元ソ連外務大臣）
ヘスス・シルバ・ヘルゾグ（元メキシコ財務大臣）
ガザリ・シャフィ（元マレイシア外務大臣）
ウィジョジョ・ニティサストロ（元インドネシア財務大臣）
フランソワ・ポンセ（元フランス外務大臣）
パウロ・パイヴァ（元ブラジル計画大臣）
ジョン・パウロ・レウス・ヴェリサ（元ブラジル財務大臣）
カレン・ブルーテンス（元ソ連共産党高官）
ヴラディーミル・ペトロフスキー（元ソ連副首相）

ヴラディーミル・ポポフ（元ソ連共産党高官）
アレクサンダー・ヤコブレフ（元ソ連駐国連大使）
ドミトリー・トレーニン（ロシア・カーネギー財団理事長）
ヴァディーム・ザグラディン（ゴルバチョフ財団理事長）
マンフレット・シュトルペ（ドイツ元運輸大臣）
モーリス・ストロング（元カナダ外務大臣）
エミール・ファン・レネップ（元オランダ外務大臣・ＯＥＣＤ事務総長）
ナフィス・サディク（元国連人口基金総長）
ジアド・アブ・アムール（元パレスチナ外交評議会議長）
ナビール・カシス（元パレスチナ計画大臣）
アブデレラ・ハティブ（元ヨルダン外務大臣）
アムレ・ムッサ（アラブ・リーグ事務総長）
アーメッド・メヘール・エル・サイド（元エジプト外務大臣）
ハンス・キュング（スイス）

この他約二〇〇名が特別ゲストとして三十二回の年次総会に参加し、約五〇〇名の学者・専門家・宗教指導者が五十八回開催された専門家会議に集合したが、個々氏名は省略。人名は本人の発音をカナにしたもの。

# 参考文献

インターアクション・カウンシル年次総会および専門家会議（一九八三〜二〇一四年）文献
福田・シュミットスピーチ集、提出論文集、報告書集、最終声明集等（全三五八点、詳細は省略）
五百旗頭真、井上正也、上西朗夫、長瀬要石「評伝福田赳夫」岩波書店　二〇二一年
浦田進「評伝福田赳夫」国産商業出版　一九七八年
岸憲「小説福田赳夫」上毛新聞社　一九七七年
清宮龍「福田政権・七一四日」行政問題研究所　一九八四年
佐藤雄一「福田赳夫論」住宅新報社」一九七六年
福田赳夫「回顧九十年」岩波書店　一九九五年
福田赳夫「私の履歴書」日本経済新聞社　一九九三年
福田赳夫「マニラ演説（福田ドクトリン）」一九七七年
福田赳夫「今世界に新しい風が」福田赳夫事務所　一九八五年
福田赳夫「アジア太平洋時代に向かって」旭屋出版　一九八五年
福田赳夫「激動する世界の中の日米関係」国策研究会　一九八一年
福田赳夫「予算ハンドブック」　福田赳夫事務所　一九七七年、一九七六年、一九七五年
福田赳夫「再び激動期に訴える」福田赳夫事務所　一九七四年
福田赳夫「党の基本理念、組織、政策についての提言」八日会　福田赳夫事務所　一九七三年
福田赳夫「多極化時代に臨む日本外交」内外情勢調査会　一九七二年
福田赳夫「七十年代の日本経済」福田赳夫事務所　一九六九年
福田赳夫「財政新時代」金融財政事情研究会　一九六六年
福田赳夫「世界の中の日本」福田赳夫事務所　一九六五年

「福田内閣の二年間—王道をゆく」国会通信社　一九七四年
福田康夫「世界はなぜ争うのか」朝倉書店　二〇一六年
古沢健一「世界平和への道」新政策研究会　一九八四年
御厨貴「宮澤喜一回顧録」岩波書店　二〇〇五年
宮澤喜一「新護憲宣言」朝日新聞社　一九九五年
宮澤喜一監修「普遍的倫理の探求」日本経済新聞社　二〇〇一年
宮澤喜一監修・宮崎勇編「いま、理念は生きる—福田赳夫発言集」上毛新聞社　二〇〇八年
山田純「福田赳夫のすべて」国会通信社一九七五年
Statesman and Pragmatic Humanist: Takeo Fukuda, InterAction Council, NY, 1995
ヘルムート・シュミット「外交回想録」上・中・下　岩波書店　一九八九年
ヘルムート・シュミット「ドイツ人と隣人たち」上・下　岩波書店　一九九一年
ヘルムート・シュミット「グローバリゼーションの時代」集英社　二〇〇〇年
ヘルムート・シュミット「大国の明日」朝日新聞社　二〇〇五年
ヘルムート・シュミット対談集「回顧から新たな世紀へ」行路社　二〇〇一年
Callaghan, James, Time & Chance, Fontana Paperbacks, 1987
Carr, Jonathan, Helmut Schmidt, Widenfeld & Nicolson, 1985
Fraser, Malcolm,　Common Ground, Viking, 2002
Huang Hua, Memoirs, Foreign Language Press, Beiing 2008
Kueng, Hans. My struggle for Freedom, Williamn Eerdmans Publishing Co. Cambridge, 2003
Kueng, Hans. Disputed Truth, Continuum International Publishing Co. New York, 2003
McNamara, Robert. In Retrospect, Random House, New York 1995
Schmidt, Helmut, The Balance of Power, William Kimber 1971

Schmidt, Helmut, A Grand Strategy for the West, Yale University 1985
Schmidt, Helmut, A Global Ethic and Global Responsibilities, R. Piper GmBH, 1998
Schmidt, Helmut, Das Jahr der Enstscheidung, Rowohlt-Berlin, 1994
Schmidt, Helmut, Auf der Suche nach einer offentlichen Moral, Deutsche Verlags-Anstalt 1998
Schmidt, Helmut, Ausser Dienst, Siedler, 2009
Schmidt Discussion with journalists in Tokyo, 1988
Schmidt Speech at Cologn Synagogue, A Plea for Honesty and Tolerance, 1978
Schmidt Speech at Friedrich Ebert Foundation Kant in Our Time, 1981
Schmidt Speech in Sapporo, 1993
Schmidt Speech in Hiroshima, 1995
Schmidt Speech in Beijing, 1996
Schmidt Speech in Jakarta, 1997
Schmidt Speech in Florida, 1999
Schmidt Speech in Seoul, 1999
Schmidt Speech in Hamburg, 2004
Schmidt article in die Zeit, 2009
Schmidt Speech at Japan-German Center, 2010
Schmidt Speech at SPD Confeence, 2011
Trudeau, Pierre, Memoirs´ McCleland & Stewart, 1993
論語（岩谷治訳）岩波文庫´ 1999
エマニュエル・カント「永遠平和のために」岩波書店
マルクス・アウレリウス「自省録」京都大学出版界

［著者］

渥美桂子（あつみ・けいこ）

1940年中国石門に生まれる。1963年米国のオクシデンタル大学経済学部卒業後、タイムライフ社に勤務する。1964年より米国南カリフォルニア大学出版局に勤務。1967年より英訳のフリーランスとなる。1971年より世界銀行に勤務。1983年、福田赳夫専属通訳兼事務局員となると同時にインターアクション・カウンシル事務局を務める。1995年から2018年には事務局責任者としてメンバーとの連絡からアジェンダに関わる調査、会議場の設定、100名以上の総会参加者のフライト・宿泊のアレンジに始まり、会議の報告書・最終声明起草、新聞報道関係、ドナーへの支出報告書作成など多岐にわたる業務を取り仕切る。現在は2010年から始めたスリランカの孤児院その他の支援活動を行っている。

訳書に『世界はなぜ争うのか』（朝倉書店）、『イタリアーな日本人』（三修社　共著）、『超大国のはざまで――西独の名首相ヘルムート・シュミット』（メディアハウス出版）、『Bridging the Divide』(Queens College, Canada) などがある。



OBサミットの真実　福田赳夫とヘルムート・シュミットは何を願っていたのか。

2023年8月29日　第1刷発行

著者――――――渥美桂子

発行所―――――ダイヤモンド社

〒150-8409　東京都渋谷区神宮前6-12-17

https://www.diamond.co.jp/

電話／03-5778-7235（編集）　03-5778-7240（販売）

編集協力――――陣内一徳（有限会社アーカイブ）

ブックデザイン―――ジュリアーノ・ナカニシ（有限会社エクサピーコ）

製作進行――――ダイヤモンド・グラフィック社

印刷――――――新藤慶昌堂

製本――――――ブックアート

編集担当――――花岡則夫・松井道直





ISBN 978-4-478-11867-2

PETR PITHART
MIDT